破り

鶴保庸介
Yousuke Tsuruho

かざひの文庫

師、若泉 敬氏へ

［掟破り］

社会は人がつくるもの。

人のために法律がある。
人のために掟がある。
だが、掟をただ守ることだけを
目的にしてはいけない。

何のために法律があるのか。
何のために仕組みがあるのか。
その答えを見出せないのなら、
掟を破ってでも、変えていくしかない。

二世でもない。官僚でもない。
既存のやり方、既存の価値観にとらわれない。

強い日本をつくるため、
これまでも、そしてこれからも、
掟破りの道を進んでいくのみ。

掟破り　目次

1章
鶴保庸介、政治家としての志

2章
鶴保庸介が着手した政策

1章

鶴保庸介、政治家としての志

若泉敬氏との出会い

私がどうして政治家を志すようになったのか？

それは、**ほかでもない若泉敬という先生の存在があったから**です。

ですから、本書は先生のことからお話しさせてください。


私の父は、和歌山出身で教師をしていました。あるとき知人から、

「若泉という人を紹介したい」

と言われた父は、国際政治学者である若泉敬さんのところへ出向いたのです。

私にとって若泉先生は、最初は「単なる父の友人」でした。


教師から大学教授になり、政界ともつながりを持たれていた若泉先生の姿に、父

は非常に興味を抱いていました。

そして私は物心がつく頃に、父に連れられて若泉先生のところへたびたび出向くことになります。わけも分からず伺ったわけですが、初めて対面したその瞬間、先生は私の顔を見るなり、

「あなたのような若い子が、これから日本を動かしていくんだよ。たくさん本を読みなさい」

とおっしゃったのです。圧倒されながら、どんな本を読んだらいいのか尋ねると、

「歴史の本を読みなさい」

そう呟きながら、山ほどの本を目の前に積み上げました。私は内心、「こんなにたくさんの本、小学生に読めるわけない……」とうんざり。でも、数冊は読んだでしょうか。次にお会いしたとき、先生は今度はこうおっしゃいました。

「人生、いかに生くべきか分かりましたか?　男一匹生まれたからには、丘の上の小さな白い家を求める人生は、絶対に追い求めては駄目であります」

「男一匹」なんて、今やお叱りを受けるかもしれませんが、なんとはなしにその気迫にうそのないことは感じられました。

それからというもの、私は「人生、いかに生くべきか、考えなさい」とひたすら言われ続けながら、小学校、中学校時代を過ごしました。

先生とは年に数回お会いする程度でしたが、父と先生とのやりとりの中で、小学生の私に何度も手紙をくださり、中学生の私に「ああしなさい、こうしなさい」と真剣に助言くださるものですから、まだ子どもながらも、意気に感じていたことを、今でもよく覚えています。

中学校を卒業し、高校生になった頃、先生が妙なことをおっしゃるようになりました。

「私が生まれてきたこの世に、存在する意味があるかないかは、後生の君たちが決めるのだ」

「私のやってきた諸行は、歴史が証明するに違いない」

当時はその発言の意味をつかみかねましたが、後に沖縄返還交渉ではその裏で密約を結んでいたことを知り、納得することになります。

あるとき、私の進路の話になったとき、若泉先生から、

「いや、大学を選ぶのではない。まずは何をしたいかを決めなさい」

と助言を受け、私は外交官になるという志を立てました。

「そのためには、どの大学がいいか考えましたか？」

先生がそう尋ねるので、

「東京大学の法学部が、一番合格率が高いようです」

と答えたら、

「では、そこへ行きなさい」

と、事もなげに言われました（笑）。

「大阪の普通の（と言うより、デキの悪い）学生に、そんな簡単に言ってくれるな」

と内心思いましたが、それ以後、私は東大を目指すことになります。

高校生のときはハンドボールに熱中して遊んでばかりいたので、現役時代は箸にも棒にもかからなかったのですが、浪人中は勉強に明け暮れました。

そして合格の可能性も生まれてきたある日、先生は京都にて旧知だというイギリス大使を呼び寄せて、

「将来外交官になりたいというこの高校生を、ちょっと指導してやってくれ」

と頼んでくださったのです。もちろん英語での指導ですから、教えを請うなど無理な話です。ところが、それが縁で後にイギリスへ留学させてもらうことになりました。

このように、若泉敬先生は私に惜しみなく目をかけて進路の面倒を見てくださり、育ての親という存在だったのです。

志望大学に無事合格し、大学生になったときのこと。

若泉先生が暴露本を書いて送ってくださった後、私から何も返事がなかったもの

ですから、京都の銀閣の傍にある蕎麦屋で、「どうでしたか?」と、感想を聞かれました。

正直に「まだ読んでいません」と答えたら、大勢お客さんがいる前で、「バカじゃないですか、あなたは大学で何をやってきたんですか! 私は、あなたがそんなだとは思いもしませんでした!」

と大声で怒鳴られました。

後に、先生と政界で深いお付き合いをされていた方々が口を揃えて、「若泉さんは、上品でおとなしい方でした。一言居士ではあるけれど、人を傷つけるようなことは絶対に言わない人です」と評したのですが、私にはそのようなイメージはなく、ただただ怖かった(笑)。私はただ悔しいやら恥ずかしいやらで、不覚にも涙が出てきました。

そうこうして店を出ると、日はとっぷりと暮れていて、しかも雪がしんしんと積もっていました。事前に呼んでくださっていたタクシーに私を乗せると、先生は涙目の私に「あなたに期待しているから言うんですからね」と一言。ドアを閉め、暗がりの中を遠ざかっていく私のタクシーに向かって、いつまでも手を振ってくださいました。雪化粧の中、肩に積もる雪さえ気にせず、静かにお見送りくださったあのお姿は、今でも目に焼きついて離れません。

そして、それが結局、先生との最後になりました。

「一からやり直す。そしていつか先生と再会する」ことを目標に、連絡もせずに気がつけば何年も過ごしていました。

そうして一念発起して連絡したのは、私が選挙の出馬の相談をするためでした。

「今朝の新聞を見ていらっしゃいませんか。今、訃報広告を出したところです」

と電話で聞くと、それを受け容れられない私は、とるものもとりあえず、大阪から福井県にある先生のご自宅へ。

確かにお亡くなりになっていました。

亡骸の周りに、ごく近しい方々がお集まりになっている姿を見て、「遅かった」と悔し涙が止まりませんでした。

そのときです、ある意味私の人生を決める一言を聞かされたのは。

「自分が死んだら、若い子が来るかもしれない。『**志を継いでがんばってくれ**』とおっしゃっていましたよ」

それならば選挙に出なければと、私はひとり決意したのです。

鶴保庸介の歩み

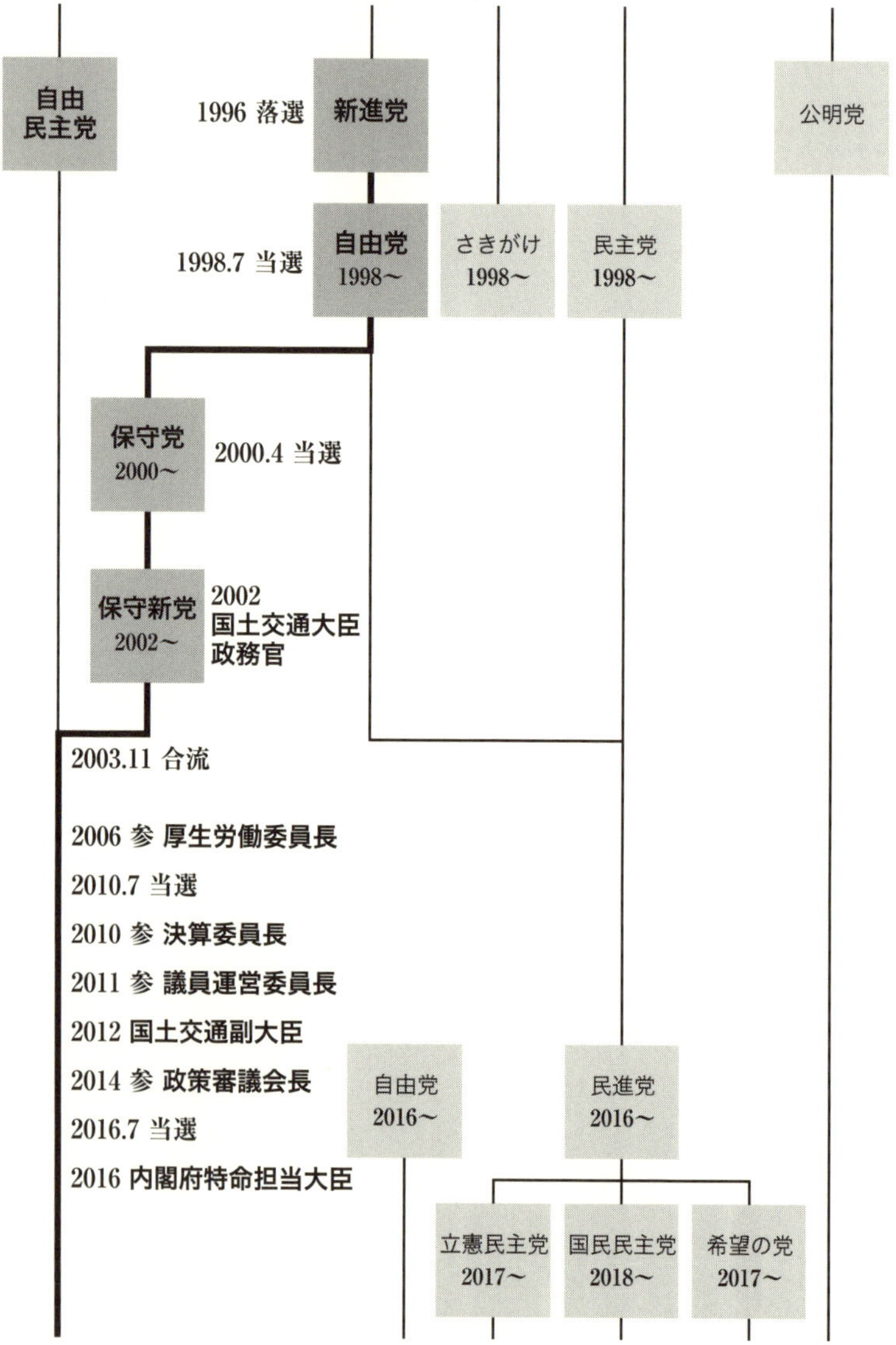
自由民主党
1996 落選
新進党
公明党
1998.7 当選
自由党 1998～
さきがけ 1998～
民主党 1998～
保守党 2000～
2000.4 当選
保守新党 2002～
2002
国土交通大臣
政務官
2003.11 合流
2006 参 厚生労働委員長
2010.7 当選
2010 参 決算委員長
2011 参 議員運営委員長
2012 国土交通副大臣
2014 参 政策審議会長
2016.7 当選
2016 内閣府特命担当大臣
自由党 2016～
民進党 2016～
立憲民主党 2017～
国民民主党 2018～
希望の党 2017～

「掟破り」が生まれた瞬間

思い返せば、私がまだ小学生だったときのこと。若泉先生は、

「あなたが大人になる頃には、この日本はおかしくなっているだろう。そのときにはあなたが苦労するんだよ」

と呟いていたのです。私にはその意味がさっぱり分からなかったのですが、先生は確かにそうおっしゃっていました。

「沖縄で有事のときには、核の持ち込みを許します」という密約――現在もなお、その存在の有無については騒がれていますが、先生は『他策ナカリシヲ信ゼムト欲ス』（文藝春秋）という暴露本を世に出しました。その英訳本を出版されてから亡くなったそうです。

そして29歳で出馬し、結果は惨敗。

その後は、つらいものでした。同窓生も親戚も、選挙区にはほとんどいない。

ところが、惨敗するような選挙でも、見ず知らずの私を、皆が応援してくれた。

夏の暑い盛りにも関わらず、私の街宣カーを追いかけてきて飲み物をくださったり、
畑の中から、ちぎれんばかりに手を振ってくださったり……。あのときの光景は、
今でも鮮明に覚えています。

「よそ者のあんたが、いったい何をしに来たんや？　でも、ここに骨を埋めるつもりなら、応援するよ」

かけていただいた数々の言葉。その言葉に、膝の折れるような気持ちでした。

そうして現在に至ります。

惨敗したにも関わらず、応援してくださった方たちとは、あのときからずっとお付き合いいただいています。本当にありがたいことです。

私を支えてくれている事務所のメンバーは、ほとんどがこのような温かいつながりの中から生まれました。

二世でも官僚でもない私は、それこそ〝掟破り〟の存在です。既存のやり方、既存の価値観――そういうものに対して、どうしても挑戦したかった。

しかしそれは、いい面があると同時に、悪い面もあります。常に疑ってかかる私は組織にそぐわない。諸先輩方から見たら、はねっ返りで生意気でしかない存在だと思います。「あいつは言うことを聞かない」と煙たがられる経験を何度もしました。

もし、自分の後輩にこんなやつがいたら、私も同じ印象を抱くはずです。

それでも、この生き方は貫き続けたい。そう思うのです。

政治は国民が動かすもの

政治というもの――。

政治とはそもそも、国民の暮らしがもっと豊かで、楽しく落ち着いた、幸せにあふれるものになることを叶えるための〝ツール〟にすぎません。

ところが実際は、求められる秩序や事前規制があまりにも多すぎて、「ルールに従うこと＝社会である」と思う向きが多いのではないでしょうか？

そうではなく、一人ひとりが、

「こんな窮屈なことをどうやったらやめられる？」

と考えるところから、まず始めてほしいのです。

つまり、政治は政治家が動かすものではなく、国民が動かすもの。ですから、

「段差で転んだら、この段差を低くしましょう」

「渋滞していたら、この信号を変えましょう」

と、ありとあらゆる世の中の仕組みを変えていくお手伝いをするのが政治です。


もちろん、その要望すべてに私たち政治家が応えることはできないかもしれない。

でも、この国に住む人々が、心から気持ちを込めて出した意見なら、できる限り実現させる。私は、そういった気持ちで取り組んでいます。


政治は本来、国民自身が、国民自身のために動かすものなのです。

自由と自己責任で日本は変わる

今も昔も変わらず、私がビジョンとしているのは、「自由と自己責任」です。

これは、私が自由党時代からたたきこまれた理念です。

そもそも、この国はあまりに「事前規制」が多すぎる。保護や安全の面ばかりを重視し、若い人たちが夢を追わなくなってしまっています。そこは早急に変えなければいけません。間違いや失敗、迷惑や混乱が多少生じても、個人が自分の夢を追って歩んでいける社会でなければ、希望は持てず、発展も望めないのです。たとえ大きな失敗を犯しても、敗者復活させてくれるような社会にすべきではないでしょうか。

青臭いかもしれませんが、

「それが世の中のためになると思うのなら、何ものをも怖れずに実行できるための仕組みを、政治がつくっていくべきなのではないか」

私は真剣にそう思っています。

では、「自由と自己責任」が社会の幹になるような改革とは、どんなものでしょうか。そのドミノ倒しの最初のパイとなるのは何でしょうか。

まず挙げるとするなら、やはり「官僚制の改革」です。

中央と地方との関係性には、大きな問題があります。地方で新たな試みをしようとすると、ほぼすべてに嘴を挟んでくる中央の政治は、現在も続いています。

たとえば、地方で民泊を実施しようとするとき。東京と、どこにも宿泊施設などないような過疎の村とで、同じ規制を強いる必要はどこにもないはずです。

山の中の一軒家と密集市街地の耐震・建築基準が一緒でなければならないのか。

緑豊かな山中の道路に、無機質な白いガードレールを全国一律の強度基準をたてに使いつづける強制は、果たして合理的なのか。

和歌山の山中でとれる石材を、県内のコンクリート骨材として使えない理由が、和歌山の気候ではあり得ない気温になっても耐え得ることという全国一律の基準で縛られていたこともあります。

タクシー会社などない過疎の村では、その村の村民がもっと自由に便利に動ける仕組みがあっていいのではないか。

……キリがありません。


「和歌山出身でもないのに、和歌山のことでよくがんばってくれるね！」

と、皮肉ともつかぬことを言われたものですが、

「和歌山でも、これだけのことができる！」

「和歌山だからこそ、こういうことができる！」

と当たり前のように言える世の中にしていきたいのです。各地方がそうならなければ、この国全体がつまらなくなってしまうからです。

「地方を変えて日本を変える」というのは、よくある政治家のフレーズのようですが、日本の全体をよくするために、地方から変えていくという意識を強く持つべきです。

「どうすれば、様々なことを、もっと自由に実行できるのか？」

「どうすれば、様々な想いや夢を抱く人たちが動きやすくできるのか？」

このことを忘れてはならないのです。

それらの想いはすべての国民に共通しており、どの地方に住んでいるからということで決まるものではないと、私は考えています。

政治家はミクロの政策を紡ぐこと

私の政治における役割——。

それは、**長い歴史の中で、今この時代に必要な役割を粛々と果たす「一つの歯車」であること**です。それだけにすぎません。

ただ、歯車ではあっても、間違った歯車になってはいけない。正しい方向へバトンタッチするようにと、常に意識しています。

もちろん、自分が絶対に正しいと言い切るつもりはありません。ただ、国会議員としての立場を与えてもらったということは、自分にその責任と権利があるということ。ですから、自分なりに「これが正しいのだ」と思う方向へ動く自由はあるのではないか。そう思っています。

各党それぞれが、己の信念に沿って動いている。それが政治というものです。

現在の自由民主党の考え方は、平和主義であり、対米融和主義です。「それが日本のためだ」というスタンスに立っていますが、幾分、思考停止しているようにも感じます。

沖縄担当大臣を務めて、はっきり分かったことがあります。それは、もう少し我が国ファーストの外交であるべきだということ。

掟破りかもしれませんが、私自身は日本政府があまりに物を言わないことに愕然としました。たとえば、基地問題について何も言えずにいる。なぜ言えないのか、私の世代にはよく分かりません。

もっと、中国との融和政策を進めながら、したたかにアメリカとの交渉に臨むべきではないか、国の総合的な外交力を高めるべきではないか。そう思うのです。

「国力を高めよう」

「景気をよくしよう」

様々なことが言われています。でも、

「そのために、具体的に何をしたのか？」

それこそが、もっとも重視されるべきことであるはずです。

私は、与えられた責務の中で、インバウンドの推進、免税制度の改善、科学技術振興のためにS&II（サイエンス&イノベーション・インテグレーション）の創設をしてきました。私が厚生労働大臣になったら、そこで必要な仕事をするし、総理大臣にでもなったら（笑）また別の仕事をするでしょう。

自分が置かれた場所で、マクロではなくミクロの仕事の結果を積み上げるように残していくことがどれだけ重要か。このことは皆分かっているはずですが、悠長なことを言っていては、いつまでたっても実現しません。置かれた場所での役割をこなすには、何百年もかけられないからです。

間違いのない道から次の道へと橋渡しするために、ミクロの政策を紡いでいくこと。これが、政治家としての私の役割だと思っています。

役所の意識が変わるように育てる

せっかく志を持って政治の世界に入ってきても、辞めていってしまう若者が多い。残念ながら、これは確かです。長い目で見ると大きな損失になるので、そうならないためにどうするかを、考えていく必要があります。

役所の意識改革をはかることも、私のミッションの一つです。志を失わない世界を創造していくのです。

そのために、現在も省庁の役人と共に、あちこちで勉強会を続けています。若い頃から勉強会を開いているのですが、皆それぞれに迷う場面があったときに、この会で議論したこと、研究したことが役立っていることを実感しています。

たとえば、ある判断をするとき。「上から言われた通りにしていれば、出世に響かず無難な道を歩める」という気持ちが湧きがちですが、勉強会の仲間たちが「何を言っているんだ！」と喝破して引き戻したケースもあります。

15年ほど続いている勉強会のメンバーたちから、

「あのときはこうだった。それがとてもためになった」

「そういう判断をあいつがしているのなら、俺もしなければ！　刺激をもらえる」

といった話を聞くと、活動してきた意義を感じます。ただ、残念ながらまだまだ全国的に変わっているとは思えません。


いくら仕組みが前例踏襲主義だとしても、過去には自ら判断して動いた先人たちがいます。ところが、現在は積極的に新たな動きをする人は少なくなっているのです。これから先、どうしたらいいのかを考えるとき、暗澹たる気持ちになることがあります。「こうすれば変わるのに」という答えはなかなか見つからない。それでも、答えを見つけるために、私自身、模索し続けようと強く思うのです。

「現場主義」が政策実現の近道

答えは、いつでも現場にあります。

役人たちも、この国をどうしていくべきか、それぞれが志を持って動いています。ところが残念なことに、国家公務員倫理法によって、公務員が現場の人たちと付き合うことが許されなくなっているのが実情です。

ゴルフをしてはいけない。会食はいけない。観光案内してもらってはいけない。こうなると、公務員と現場の人との接点が失われていき、現場が何を考え、どんなことに困っているのか、実情はどのようなものであるのか、役人たちはどんどん分からなくなっていくのです。そして、感覚がズレるほど、スピード感も行動範囲も、やるべきことも、ズレていってしまうのです。

私は幾度となく、局長クラスの役人に声を荒げてきました。

「いったいそれは、誰が決めたのか！」

と詰め寄る私に、彼らは、

「でも先生、これは民意ですから」

と言います。

現場に赴き、現場の意見を直接聞いている私に、業界トップの話を聞いただけで、それが民意だと言ってしまうその感覚。こういったズレに対して怒っているのです。

私は、何より現場の話を汲み取るようにしています。

現場主義を貫くことが、あらゆる政策実現の近道である。私はそう思っています。ですから、なんらかの形で現場の声を聞く機会を、多くの人が持ち続けてほしい。それだけで、様々なことがもっとスピーディーに変わっていくはずです。

「事前規制」は国の活力を削ぐ

国会議員になってからというもの、信じられないくらい多く直面してきたことがあります。それは「事前規制」の問題です。以前、

「渋滞時には、高速道路の側道を走れるようにしましょう」

という制度を新たに設けようとしたことがあります。

ところが、当時警察が言ってきたことは、

「そんなことをして、事故が起きたらどうするのですか？」

「事故が起きたら、どう責任を取るのですか？」

というものでした。そこで私は反論したのです。

「渋滞のときに、事故が起きるようなスピードで側道を走れるとは思えない。現実にそれが原因で事故として記録された例が、どれくらいあるのか出してほしい。加

えて、あなた方がその責任を取ったことがあるなら、その事例も教えてほしい」

結局、何も出てきません。当然のことです。

新東名高速道路は時速100㎞（※一部区間で110㎞試行）に制限されていますが、国土交通省による設計速度は、最高速度140㎞を想定した区間もあります。そうであれば、なぜ、制限速度が140㎞にならないのでしょうか。その理由について、警察は、

「事故が起きたらどうするのですか？」

と説明します。

「では、事故が起きないように100㎞とするのは、いったいどういった合理性があるからですか？」

「140㎞よりは遅いので、安全だと思うから」

意地悪なようですが、私は言葉を返しました。

「では１１０㎞でも大丈夫ですよね。経済効果はグンと上がるでしょう。それとも０㎞にしますか？　そうすれば事故が起きなくて一番安全ですよ」

「そんなことばかり言っていて、あなた方は社会に対して何をしたいのだ？」

と思ってしまいます。車に乗る人がどんどん減少している一方で、車の性能はものすごく上がっているというのに、50年以上前とほぼ変わらない速度制限をすることに、どんな意味があるのでしょうか？

事前規制は、明らかに国の活力を削いでいるのです。

こういった事前規制の問題は、警察だけが抱えているのではありません。国の行政機関も同じです。何か新しいことを推し進めようとすると、

「おっしゃることはよく分かります。私どもも国民の理解を得ながら進めなければならないと思います」

という返答が常套句。

「ちょっと待ってくれ。国民の理解を得るというのは、どういうことをもって判断しているのか？　私たち国会議員が、これをしてほしいと言ったら、それが国民の意思だととらえて実証実験をするなどして、前に進めることこそが、あなた方の仕事ではないのか？」

こういうやりとりを、数え切れないほど繰り返しているのです。

民意とは、いったいどこにあるのでしょうか。私たちが議論をしている国会の場が、なぜ国権の最高機関なのかということを、もう一回思い巡らせていただきたい。

国民の皆さんは、なんとなく私たち国会議員よりも、役人のほうが賢くて間違いがないという信頼感を持っているように思います。それはとても残念なことです。

マスコミの偏重報道も大いに影響していますが、本当のことを知る意識を、この国に住む一人ひとりに持っていただきたいのです。

我々も襟を正して、目の前の政策に取り組んでまいります。

民意を汲み取り、遂行する

箱を用意したら、ソフトを入れるだけでなく、それが実際に稼動するのを確認する。事にあたるとき、そのスタンスを私は大切にしています。

制度を変えたり、使ったりしても、ワークしているところを確認するまでが、私たちの仕事だと考えています。

ところが、いざ稼動させようとすると、これが本当に難しい。

政策提言するところまでくると、「もう大丈夫だろう」と、役所に任せてしまう議員が多いのです。でも、役所は新しいことを嫌いますから、

「そういった意見があるみたいですね」

というところで終えてしまい、実際に自治体や業者に話を持ちかけたりはしない

のです。どうしても実現したいという人が出てきたときに、初めて重い腰をあげて動きます。

ですから、実現させたい事案に関しては、省庁や自治体も巻き込んで、子細な計画をつくることまでします。そこまでしなければ、事は動かないのです。

政治家が、
「こんなことに取り組みました！」
「あんなことを実現しました！」
と言っても国民の心に響かないのは、実際に稼動しているところまで見せることができていないからです。

たとえば、水産業の燃油対策の件で漁業者に、

「こんなに使いやすくしました」

と言ったら、

「暮らし向きがよくなる。やったー」

と思うでしょう。でも、本当によくなったと感じるのは、早くても半年後、通常でも1~2年、遅ければ3年かかります。

私は、

「おかしいと思ったことは、すぐにでも変えてくれ」

と、いつも言っています。ですから、やる気があって真剣な人は、

「鶴保に一度やらせてみよう」

と思っていてくれているはずです。

以前、このようなこともありました。

和歌山の猟友会の皆さんから私に、夜間発砲をさせてくれという話がありました。シカやイノシシなどの鳥獣被害に困っていたのです。そこで、さらに古い付き合いのある大日本猟友会にその話をしたところ、危険だといって反対されました。和歌山県猟友会は、させてくれと言う。大日本猟友会は、反対する。政治家として、これは非常に判断が難しい事案です。通常なら、発砲させないという判断になるでしょう。

でも、発砲にゴーサインを出したかった私は、警察とのすったもんだの末に、新しい制度をつくりました。条件として、ハードルの高い技術基準を設けて、腕のよい猟師しか発砲してはいけないということにしたのです。するとうと今度は、ハードルが高すぎて、ほとんど発砲実績を積むことができないという事態に……。

日が暮れてから車で走るとすぐ分かりますが、和歌山では今でもシカやイノシシをよく目にします。過疎の村で、畑づくりをしている農家の方に話を聞くと、

「苦労して育てた畑で、もう明日収穫だというタイミングを狙ったかのように、ヤツらは目をランランとさせて、毎晩宴会しているんです」と言うのです。あの姿を見ると「もう、たまらん……」と。

動物たちは収穫期を心得ていて、1年で一番いいときを狙ってくるそうです。それを3年もやられたら、もう畑を続ける気もなくなってしまいます。

「夜間発砲は危ない」と主張する人たちに、この話を直接聞いてもらいたいのです。これこそが現場の声なのです。民意なのです。

目標としているのは、和歌山県のシカやイノシシを減らして被害を減らすこと。そのための手段として、夜間発砲をしようという人にはできる道をつくってあげることなのです。

結果として、シカやイノシシを減らせていないのなら、ありとあらゆる手を尽くすべきではないか、というのが私の基本的な考え方です。

夜間発砲以外にも方策はないのか。二の矢、三の矢を、タブーなしで考えなければなりません。

何かを実現しようとすればするほど、問題も起きるし、摩擦も生じます。でも、多少の混乱があったとしてもやりたいと思うことが、基本的には自由に「できる」社会のほうがいい。私はそう確信しています。

判断に困ることは山ほどあります。

しかし、全体を俯瞰すれば、今すべきことが見える。

物事をグローバルに見て、スピーディーに動く。これが政治家に求められているものだと思うのです。

2章 鶴保庸介が着手した政策

サイクリングロードの整備

私が和歌山県サイクリング協会の副会長を務めることになってからの話です。県内でサイクリング大会を開くので、**和歌山市内の工事用堤防道路を一時的に走らせてほしい**という声が上がりました。

そこで、県内にある国土交通省の出先機関に掛け合ったところ、了承を得ることができ、工事用堤防道路を開放してもらって走ることができました。サイクリングの大会では、家族連れの皆さんが思い思いに楽しみ、生き生き取り組んでいる光景を目にしました。

サイクリング協会の皆さんとは、それ以来、

「安全な自転車用道路を、県内にもっと広げていきたい」

「堤防の内側につくることができたら、河川の美化にもつながる。将来、その親水地に親子連れがバーベキューに来てくれるような街になれば、もっともっと流域は活性化するはず」

といった、積極的な意見を交わしてきました。

はじめはサイクリング協会の皆さんとの語り合いから生まれた企画でしたが、国交省の県内出先機関に何度も掛け合っているうちに、サイクリングに理解ある幹部職員の協力が得られ、話が進んでいくことになったのです。

結果として、和歌山市だけでなく、紀の川市の議員の方々の強力な支援も得られ、「紀ノ川サイクリングロード」が年々整備されていっています。

サイクルトレインの実現

「きのかわサイクルトレイン」は、和歌山県サイクリング協会とJR西日本和歌山支社が共同で実現した企画です。

紀の川沿いでのサイクリングをさらに楽しんでもらうため、2017年11月、毎週土曜日に1往復の実証運行を行いました。

これによって、**JR和歌山線の田井ノ瀬駅（和歌山市）～紀伊山田駅（橋本市）の区間を、自転車を折りたたまずに、そのまま乗車できるようになった**のです。

運行列車には多くのサイクリストが自分の愛車と共に乗車し、賑わいを見せています。紀の川沿いは、高低差も少なく、初心者でも挑戦しやすいサイクリングコースです。

私は、サイクリングが観光に資する可能性を信じ、以前から紀の川沿いのサイクリングロード整備に力を注いできました。

今後はもっと多くの皆様にお越しいただけるように、新たな企画を催し、サイクリングを観光につなげ、沿線を活性化させていこうと考えています。

準中型免許で運送業界を改善

あるとき、トラックのドライバー不足をなんとかしてほしいという陳情が届きました。若手の働き手がいなくて、運送会社は人手不足に悩んでいるというのです。

そこで私が考えたのは、「中型免許の緩和」。

なぜ、これがドライバー不足の解決につながるのでしょうか。

現在、運送業界で使われているトラックの多くは5トン車以上です。このトラックを運転できる「中型」免許は、もともと20歳以上にならなければ取得できませんでした。

そこで、慢性的な若手就業者の不足に悩む運送業界の相談を受けたとき、高卒者でもこれらのトラックを運転できる免許をすぐに取得できるようになれば、人手不足を緩和できると思いついたわけです。

警察庁や国交省と何度も議論を重ねた結果、免許区分の「普通」と「中型」の間に「準中型」が創設され、3・5トン以上〜7・5トン未満のトラックを運転できる免許が、高卒18歳でも取得できるようになったのです。**この制度改定で、高卒生の皆さんが運送会社に就職しやすくなっています**。

トラックについて、私がほかに改善したいのは、労働基準法です。トラック運転手の仕事は、拘束時間がとても長い。労働環境を考えて、休憩時間も多く取るようにしてあり、「2時間経過したら休みましょう」と奨励されているほどです。

しかし一方で、荷待ち時間も労働時間として計算されています。これについて、労働時間から外したほうがいいという声もありますが、それは乱暴な議論です。決して自由に遊んでいるわけではなく、必要な拘束時間だからです。

労働基準監督署と運送業界は、その運用について、もっと話をし合うべきです。四角四面に立ち入り検査をしていては、ほとんどの運送会社が潰れてしまうことになります。もっと業態ごとに、ルールを決めるべきではないでしょうか。

たとえば、トラックのタコメーターが作動している時間が3時間でも、実働は8時間。ここに生まれる5時間をどう考えるか。私が国土交通副大臣のとき、このテーマについて、トラック業者と厚生労働省の間で協議を始めてもらいました。

あれから4年くらい経ちますが、今も解決にはこぎつけられていません。問題をクリアにしていくためにも、これから進展させなければなりません。

港の荷待ち時間を短縮

東京港等では、トラックの荷待ち時間が最長6時間かかる場合もありました。船から下ろした荷物をトラックに積むのに、運搬担当者たちは、長時間待機させられて、しかもそのエリアに渋滞を招いてしまっているという状況が続いていたのです。

なぜこんなに待たされ、渋滞してしまうのか。大きな原因は、船が入港し、着岸してから港湾内での荷捌きまでに、相当な時間がかかっていたからです。

今やＩＴの時代となっているわけですから、自動で素早く荷物を振り分けるために、電子化して効率を上げるべきです。

時間のかかる港湾の手続きを、船が沖に入ってくるときから、事前にネットでやりとりする。そして着岸した瞬間から荷物を下ろせるようにする。この仕組みをつくれないものでしょうか。

荷待ち時間を減らすことは、わが国の流通コストを相当減らすことになるうえ、トラック業者にとっても無駄な時間が大幅に減るわけですから、大きな経済効果を生むことになります。

そこで港湾局と幾度も議論を重ね、予約システムの導入も含めた手続きの効率化策をつくり上げ、順次主要港湾で導入していく運びとなりました。

無駄を省いて行政手続きを効率化し、生産性を向上できるような手立てを今後も恐れず進めていこうという思いです。

ビザ発給要件緩和で訪日客数大幅増

観光振興は、安倍政権の成長戦略の大きな柱の一つとなっています。私が国土交通副大臣の職に就いているときには、訪日外国人客数増に向けて、様々な手を打ってきました。なかでもビザ発給要件緩和はその突破口でした。

2013年にはASEANのタイ、マレーシア、インドネシアなどの国々からの観光ビザを免除したことも功を奏して、同年、史上初めて外国人観光客数が1000万人を突破しました。

これについては内外の協力を得たとはいえ、正真正銘、国交省観光部局の総力戦でした。当初、ラオスで行われたASEAN+3（中国、韓国、日本）からの帰国途上、観光庁長官とのやり取りの中では、正直なところ「達成できたらいいな」という程度のものだったように思います。

ただ、私は関係各所を鼓舞する意味でも、この政策については常に先頭に立ち続けたつもりです。中国や韓国との関係が悪化する中で、どのようにして1000万人以上の成長路線に乗せることができるのか……。思案に思案を重ねました。

各機関の担当者たちと議論を重ね、関係省庁を巻き込んで副大臣会議を開催したほか、党役員から官邸の応援まで引き出し、満を持して実現にこぎつけられたものと自負しています。

観光庁職員の皆さんは、よくついてきてくださいました。毎日のように副大臣室に報告や相談に訪れてもらえたことで、こちら側も課題を次々と解決しなければという気持ちになれたものです。まさに、チームワークで乗り切れた政策でした。

免税システム改善でデータ活用へ

外国人観光客が1000万人を超えて喜んでいましたが、そこで終えてはなりません。一人あたりの消費額を増やすにはどうしたらいいかを、考える必要があるのです。

観光庁が考えたのは「出身国を重点化していきましょう」という案でした。遠くから訪れる観光客ほど消費額が大きいという統計のもと、中国、韓国、台湾の人よりも欧米の人を増やそうというものです。現在もこの方針は続いています。

ただ、これには時間がかかります。そこで、外国人観光客がどのように買い物をしているのか、どこにヒントがあるのかを探るため、いつものように現場に出向いてみました。

皆さんも、海外では、日本語の通じる大きめの店に足を運ぶのではないでしょうか。さらに、特典のあるデューティーフリーやタックスフリーのお店へ行きませんか？

日本の免税店を調べたところ、当時、消費税免税の対象品目の中に、日本が売りにしているものがほとんど入っていませんでした。

お酒や化粧品は入っておらず、対象品はカメラのフィルムや電池などが中心……。フィルムや電池だけを買いに、わざわざ免税店に寄るでしょうか？　疑問点が多かったので、私は実際に、どんなものを買いに来ているのか、もっと調査して対象品目を決めたほうがいいという意見を出しました。

すると今度は、その対象品目の振り分けが細かすぎるということで、議論は拡散しそうになります。

そのとき私たちが財務省に申し入れた提案は、

「対象品目ではなく、金額で判断してほしい。5000円以上は免税対象でお願いしたい」

というもの。これには二つのメリット、一つのデメリットがあります。

まずデメリットは、外国人観光客から「消費税が取れないこと」です。

でも、これは財務省の試算では、商品が購入されることによる、景気浮揚効果のほうがはるかに大きいのでカバーできる。

対して一つめのメリットは、免税することによって売上げが伸びること。

二つめのメリットは、誰がどの品目の免税品を買ったかというログ（記録）が残り、巨大なデータベースができること。これが大きい。

アメリカには、免税手続きやそのデータ分析などを専門とする大手企業がありま す。そういったデータベースの管理・活用研究を日本でも実施すべきだと、ずっと声をあげているのですが、財務省からは、免税の分野で電子化をする余裕はないという残念な答えが返ってきました。

日本では、免税店はその場で消費税分をリファンド（払い戻し）し、商品を渡してしまいますが、海外では違います。向こうでは、消費税も含めた支払いをし、商品は密封され（開けてしまうと免税対象となりません）、空港の関税官にそれを見せることで税金分が後日リファンドされる仕組みです。

なぜ、海外ではこのような手順を踏むのかというと、二つ理由があるのです。一つは、購入商品のデータがほしいため。もう一つは、その商品が国内消費されていないことをきちんと示すためです。

日本では、化粧品やお酒などは国内消費されることが多く、それでは免税の意味をなしていないことになります。ですが、空港に免税品をチェックするマンパワーがないという理由で財務省は当方の案に反対し、免税店はその場でリファンドしている状況です。

そうであれば、せめてログを取るくらいのことはしていただきたいと伝え、ようやく2018年6月に電子化されました。これにより、**購買情報を免税店で電子データ化して送信し、税関で確認できるようになり、手続きが大幅に簡素化します。**

免税は難しい制度なので、最初は様々な抵抗がありました。ところが「爆買い」という現象につながったことで、「免税の効果は高い！」ということに気づく人が増え、電子化などの改善も進み始めています。

電子化が進めば、英語を話せなくてもカウンターで対応できるので、今後は免税加盟店も増えていくことでしょう。

クールジャパンは目的次第

クールジャパンは、インバウンドという戦略を実施するにあたり、魅力ある日本の姿を発信し、理解してもらうための策の一つです。

海外から訪れる観光客の多くは、日本の文化・歴史に触れることや、日本ならではのショッピングができることに魅力を感じています。昔はハラキリだと言われていた国が、今や、ゲーム、アニメの国となっているのです。

実際に、ゲームやアニメをきっかけに日本語を勉強するようになった人、日本を好きになってくれた人はたくさんいて、経済面で大きな恩恵をもたらしてくれるだけでなく、国際交流、ひいては外交面にもいい影響をもたらしてくれています。

このような直接・間接の効果を考えていくと、クールジャパンの目的をどう設定するかによって、そのあり方はまったく違ってくる気がします。範囲がかなり広いので、何をしたいのかをもっと明確にして、どこからどこまでをクールジャパンと呼ぶのかを決めていく必要もあります。


クールジャパン担当大臣として、親交のあるエンターテインメント業界各社の方たちと話をしていると、異口同音にこのようなことを言われます。

「外国人観光客が来られたときの、ナイトアミューズメントがない」

「ぜひ都内に日本版ブロードウェイをつくりたい」


でも、これは何のためなのでしょうか。

アミューズメントのためならば、場所を確保して箱をつくればいい。でも、クールジャパンのためと言われると、別のもっと大きな意味が出てくるのです。中身についてどうするのかという部分が重要になってきます。

たとえば、アニメ原作の演劇をやりたいとなったとき、

「それはクールジャパンの括りだね」

と思う人もいれば、

「いや、クールジャパンって、茶道とかじゃないの？」

「いやいや、やはり日本酒でしょう」

という人もいるのです。すべてをひっくるめてクールジャパンだという理屈が理解されにくく、難しいところです。


また、これらすべてがインバウンドのためとなれば、国費でみるのか？　という話にもなります。ですから、これに関して何かできないかということならば、私は政治家個人として応援したいと思っています。

バス自動運転実証実験は何のため？

沖縄の豊見城市にある瀬長島という観光地に近接する「瀬長交差点」は、一般車両、観光車両、工事関係車両が集中するため、常に大渋滞していました。

そこで、短かった右折レーンを延伸したり、左折レーンを増設して対策を施した結果、渋滞を大幅に緩和することができました。


また、私が沖縄担当大臣在職時、バスの自動運転の実証実験を1年で3回行いました。これは、かなり早く実施できたと言われています。

公共自動車の自動運転や、仕事に使うドローンについては、

「一刻も早く実現したい」

「実際に生活風景のあちらこちらで自動運転の車が走っていたり、ドローンが飛ん

でいたりするような状況をつくりたい」

「いきなり都会での実施が難しいのならば、まず地方で始めてもいいではないか」

これらを実現するべく、すべての段取りを急いだのです。


しかし、「規制のサンドボックス制度」を盛り込んだ国家戦略特区法の改正等は、政局のため、残念ながら今年は審議入りすらできませんでした。

次の国会で戦略特区法案が通ったらすぐに、和歌山県で社会実証実験の認可が下りるように準備するつもりです。こちらから積極的に攻め続けなければ役所は動きません。2~3年で役所の人事異動があるのも一因かもしれませんが。


私たちがすべきことは、実現がかなう最後のところまで責任を持って取り組むことです。自動運転の車が走っていたり、ドローンが飛んでいたりする様子を、日常で目にする世の中にしなければいけないということです。「制度をつくりました」

で終わっては、意味がないのです。

この国は、「やらないこと」が前提になってしまっています。「事前規制」「やるな規制」が当然のようになっていて、その既成バランスを崩すことを恐れています。法律をつくるところまでは皆賛成するので、ほとんどの場合は、すっと通ります。「特区でやりましょう」――「そうですね、特区制度ですね」「では、特区の法律をつくりましょう」――「そうですね。では、ドローンを飛ばしましょう」

ところが、いざ実施しようという段階になると、

「ドローンの業者はどこにするのか？　業者の選定方法はどうするんだ？　飛ばすルートはどうするんだ？　高さは？　飛んで落ちてきたらどうするんだ？　住民が騒いでいるのをどうするんだ？　そこでの利害調整は誰がやるんだ？……」

と抵抗の嵐に遭います。これが、事前規制をしている官僚世界の実態です。

この姿勢が、世の中をつまらなくしているのではないでしょうか。そのことに気がついてほしいのです。ですから若い連中には、言っているのです。

「**マクロのことばかり言っていないで、ミクロをやれ！　最後までやれ！**」

そのように動けば、何が大切なのかが必ず分かることですから。

テレビ番組のアーカイブ化

私は議院運営委員長を務めていたこともあり、国会を通して様々な開かれたものをつくり、国会改革をしようと考えていました。たとえば、12年振りに子ども国会を開いたり、議員会館のロビーで東日本大震災の写真展を開催したりしたこともあります。

一見簡単に思われるかもしれませんが、議員会館で催しを実施するためには、全会派の賛成がなければ実現できないのです。

また、「どの写真家のどの写真を使うか」ということにまで、話は及びます。政府に批判的な写真ばかり飾れば与党が良い顔はしませんし、かといって追従ばかりされても困ります。写真展を開くだけでも、非常に手がかかるのです。

ところがありがたいことに、こうしたことに取り組んでいるうちに、野党との距離が縮まり、きちんとした話し合いができるようになってきました。信頼関係が築けたので、ではもう一つこれをやりませんかと持ちかけたのが「国会アーカイブ」です。これは、「国会図書館で映像を流しましょう」と提案したところから始まった政策です。

国会図書館には、すべての出版物が収納されていますが、映像については何もありません。10年近く前からネット上の官公庁のホームページ等の静止画は置かれるようになりましたが、動画がないのです。

どこまで集めればいいか分からないし、管理するのも大変だからです。とくにテレビ局が放映しているものはテープで管理されてきたため、膨大なコストと保管する場所が必要でした。

しかし現在は、データがデジタル化されているので、お金も場所も昔ほどはかか

りません。そこで、

「テレビ局の番組をアーカイブしよう」

と提案したところ、参議院の議院運営委員会では賛成してもらえました。しかし国会図書館のこととなると、衆議院の賛成も必要になります。

当時はねじれ国会でしたが、衆議院の議院運営委員長（民主党）から賛成をいただけました。自民党にももちろん、賛成をいただけるものと思っていました。ところが、最後は実現できなかった案件です。


国会アーカイブ提案は、ここまで持ってくるのに実に2年ほど要しました。

でも、これは実現させなければいけないと思っています。

皆さん、戦争が起きたとき、裏で何があったか知っていますか？

ラジオではどんなことが言われていたか、知っていますか？

テレビでどのような映像が流れていたか、見てみたいと思いませんか？

マスコミが国民を煽った一面もあることは事実なのです。とくに当時の朝日新聞は、思いきり煽っています。あの朝日新聞が、戦争を礼賛していたのです。

現在、朝日新聞は反省の意を示していますが、それはアーカイブとして残っているからです。国会図書館に戦前の新聞が残っていて、紛れもない事実があるから「反省しています」と言うのです。

なぜ、働き方改革はこのように決定したのか?

なぜ、原発はこのような状況に陥ったのか?

振り返ったとき、「当時のテレビはこう報道していた」という記録を残すべきではないでしょうか。

たとえば30年先、一世代後の人が「なぜ日本はあのとき、原発を再稼動させなかったのか?」と疑問に思ったとしても、誰も分からない。本を読むしかない。

でもおそらく今、ほとんどの人は、本や新聞に昔ほど影響されてはいません。情報を得るのはネットやテレビからではないでしょうか？　そう考えると、テレビ映像のアーカイブは貴重な資料となるので、絶対に必要だと思うのです。

マスコミが反対する理由は明らかです。報道したことについて、後になって文句を言われたくないからです。実際には、言論の自由を少しでも制限することのないような内容になっています。でも、それでも反対されています。

ただ、何とかしなければいけないことは明らかではないでしょうか。

医師不足は解消できる

地方の医師不足は、実に深刻な問題です。

和歌山県は手の5本指のように川が流れていて、和歌山市、有田市、御坊市、田辺市、新宮市がその河川で分断されています。

県内には7つの医療圏があり、それぞれに中核的役割を担う比較的大きな病院がありますす。とは言え、すべての科に十分に医師がいるわけではなく、現に有田地方では、数年間産婦人科医が不在だったこともありました。

医師不足問題を解消するには、大学病院の医師数を増やすことです。しかも県外から医師を呼ぶには、破格の待遇を用意しなければいけません。

なぜ来てもらえないのか。大きな理由は二点あります。

一つは、子どもの教育環境が都心ほどよくないから。もう一つは、医療環境がこちらも都心部ほど整っていないから。ブラックジョークのような事実です。

この問題を解決するための突破口は、大学病院を設置することです。もし和歌山に大阪大学附属病院、近畿大学附属病院などがあれば、医師不足は免れるでしょう。田中角栄首相時代には、地方の医療過疎に手を打たなければいけないということで「一県一医大構想」というものがありました。医者を輩出させるために、一つの県に一つの医大をつくることを目的とした政策です。

それで当時は、新設の医大が全国にたくさんできました。先見の明があったと言えます。

ただ、和歌山には県立医大があった関係で、新しい医科大学は創設できませんでした。そして困ったことに、新設の医科大学の定員は100人なのですが、旧制の県立医科大学は60人。人数にかなり開きがあるのです。

そこで厚生労働省へ、医師を増やしてほしい旨を直談判に出向いたところ、

「あなた、何を言ってるんですか？　この財政再建のときに医者を増やすという発想をお持ちだなんて、どうかしていませんか？」

と、けんもほろろの対応。それでも引き下がらなかったため、最終的には、

「財務省がＯＫを出すならば、検討しましょう」

というところまできました。

その後、無事に財務省の承諾を得て、「１００人を目指そう」と動き出しました。平成20年には、60人が85人となり、さらに平成22年には１００人に。また、平成20年の25人増員のうち、５人は「地方枠」として、医師になった後、一定期間は地元勤務とする制度も併設されました。ただ、厚生労働省から、

「和歌山だけ増やすと目立ちすぎるので、他府県も一緒に増やさせてくれませんか？」

という提案があったことにはびっくり。「この間までなんと言っていたのか！」

とハラワタが煮えくり返る思いでしたが（笑）。

他府県の医学部定員も和歌山の後を追うように増員されましたが、和歌山県立医科大学の60人から100人への増員は、全国最大です。


本当に着手しなければならないのは、医師の数を増やすことではないのかもしれないということは、当時の私自身も思っていたことです。

医師を都心ばかりに集中させないというより、身勝手な開業医を生まないようにする方策を考えることが正道なのですが、当時の私には、そこまで体制を動かせる力がありませんでした。

明日にも拠点病院から内科がなくなるかもしれないという状況下で、背に腹は代えられず、この方策を取りました。

医師問題、なかでも医師の偏在、不足の問題は、今後も国が着手していくべき重要事項だと思います。

郵政民営化の評価を下すとき

郵政民営化をめぐっては、当時私の置かれていた立場もあり、所属していた派閥を脱会する一歩手前まで行きました。最終的には党の方針に従って賛成票を投じましたが、**私は、郵政民営化に果たして意味があるかと問うた**のです。

「この郵政民営化で地方が元気になるのだろうか。こんなに天下を大騒ぎさせて選挙をするようなときではないでしょう。やるべきことはもっとほかにあるはずだ」

なおかつ、この制度は百害あって一利なし。失敗する可能性のほうが高い。そうも思っていました。郵政を民営化した国々の関係者から「日本は、郵政を民営化する議論が始まっているようだが、やめたほうがいい」という意見を幾度となく耳にしたことも一因です。

そもそも、郵政公社の事業には、税金は1円も使われていません。民営化前は、ゆうちょで出た黒字分で郵便事業の赤字分を補填していたのです。

これが郵政を民営化すると、ゆうちょ銀行と民間銀行は銀行同士ですから、対等な競争ができるように、すべての運営条件を同じにしなければ、法律的に許されません。

つまり従来のように、ゆうちょ銀行の利益を郵便事業の赤字分に当てると言う縛られた条件で、民営化などできないのです。そうなると、郵便事業はどうなってしまうでしょうか？

私が一番問題視していたのは、地方の郵便局がどうなるかということです。つまり、郵便のユニバーサルサービスというものを、民営化しても維持できるのかという疑問です。この点については、現在も懸念しています。

論理的に考えれば、そういう不都合が出ることは分かるはずなのに、なぜわざわざ民営化しようとするのか。それは、誰でもない小泉総理が言ったからです。そして国民の多くは総理に賛同しました。

あのときの小泉総理の論旨というのは、

「郵便貯金が〝財政投融資の原資〟となっており、その財政投融資が費用対効果を顧みない公共事業を生み出している」

ということでした。しかし、そうであれば、法律を一本通せばいいだけなのです。ゆうちょのお金を財政投融資の原資として、つまり国のお金としては使えないという法律を一つつくれば、三事業一体で民営化させるなどという、大がかりなことをしなくてもすんだはずなのです。

法案は最終的に圧倒的多数をもって可決されましたが、私が述べたような懸念を持っていた議員が少なからずいたように記憶しています。

捕鯨問題は目的のすり替え

和歌山の太地町は、昔から捕鯨の町です。

日本は太古の昔から、捕鯨技術を磨いて繁栄してきた国なのですが、その文化が、欧米各国からの価値観の押しつけにより、滅びようとしています。

数年前から、太地町には反捕鯨団体シーシェパードが入ってきて、反捕鯨運動を展開しています。捕鯨に関する闘争は国際問題でもあり、今もまだ続いています。

反対国は太地町の追い込み漁を野蛮だとして、日本の水族館に圧力をかけたり、捕鯨船の建造を請け負う造船会社に嫌がらせをしたり、国内外を問わず鯨肉を扱う店に不買運動を起こしたり——と捕鯨に関わるすべての業界に対して、いわれのない攻撃を続けています。

私は、捕鯨議員連盟を招集し、この問題の中心となってライフワークのように取り組んでいるところです。

ＩＷＣ（国際捕鯨委員会）の目的は、鯨資源の持続的活用の枠組みをつくることでした。商業捕鯨の禁止とは、鯨類の資源回復を待つことであるはずなのに、確実に捕鯨の全面禁止に動きつつあるのです。

これは鯨だけの問題ではありません。日本の外交力そのものが試されているのです。日本の外交に哲学があるのか。正しいと思うルールづくりに、どんな努力も惜しまない覚悟があるのか。そして、解決するための戦略を持っているのか。

このどれが欠けても成就しえない捕鯨問題は、まさに外交の試金石だと思います。

水産業を縛る慣習法の弊害

現在、水産資源が逼迫しています。たとえば、和歌山県ではカツオがまったく獲れない状況にあります。どの漁師に聞いても、水産資源が減っているという声を聞きます。理由は、一言で言えば獲りすぎにあります。

全国にある漁船が22万隻というのは、多すぎるうえに、オリンピック方式（一斉に漁業をスタートさせ、漁獲可能総量に達するまで早い者勝ちで獲る非個別割当方式）を続けているため、いつまでたっても一人あたりの収入が伸びません。

この対策として、個別割当（ＩＱ）方式といって、漁獲量を漁業者または漁船ごとに割り当てる方法があります。今まで自分が好きなだけ獲っていたのを、これからは「これ以上獲ってはいけない」というわけです。これは、漁業をする人たちにとって許せないやり方らしく、不倶戴天の敵のように長い間抵抗されたまま、いまだにくすぶっています。

もう一つ、IQ方式に加えて、もっと獲りたい人はほかの人の個別割当権の余剰分を買い取れば漁獲できますよ（譲渡性個別割当方式　ITQ）という方法もありますが、どちらもそう簡単には受け入れられないでしょう。

IQ方式は、欧米では遥か昔に導入されています。しかし、日本でこの制度を取り入れるときは、血を見るような騒ぎが起きたスウェーデンやノルウェーと同じ状況になるだろうと言われています。

TAC（漁獲可能量）制度には今述べたような方式がありますが、資源管理という点では、日本の水産業は大きな遅れをとっているのが実情です。それも周回遅れです。だからこそ、1日も早く着手しなければなりません。

いずれにしても、**漁獲量の管理をするIQ方式のような仕組みがない限り、日本の漁業の未来はない**と思うのです。このことは、皆心のどこかでは分かっているはずです。

この話には後日談があります。

あるとき、広島出身の若手議員が「魚種別TACをやりたい」と、私を訪ねてきました。私は率直に、

「その件は、相当批判を浴びるよ。水産業界からも応援されて選挙に受かったのなら、嫌われるようなことをしたらいけないのではないのか?」

と伝えたのですが、彼は、

「でも、これはやはりやるべきだと思うんですよね」

と意志を曲げることはありませんでした。なかなか見どころのある若者だなと思いました。実際に今、彼が中心になって動いてくれています。

日本の漁業は相当古い。それは紛れもない事実です。入会《いりあい》権や漁業権は、江戸時代に生まれたものであり、日本にしかない制度です。所有権でも利用権でもない。純粋な利用権ならば譲れるのですが、お金で買い取ることはできないものなのです。

ずっと慣習法として続いているもので、日本の漁業権は実のところよく分からないものになっています。この制度を変えない限り、四方を海に囲まれた日本の未来はないのではないかと、私は非常に危惧しています。

世界遺産登録後に残る問題

初当選前に選挙活動をしていたときの話です。

地元の高野町では、有志のメンバーが、「世界遺産を目指そう！」と盛り上がっていました。

彼らが自分たちでユネスコへ飛んでロビー活動をしたり、高野町役場の方も世界遺産登録への活動をしているのを見て、私も微力ながらお手伝いしてきました。

話が進むにつれて、当初は、乗り気でなかった和歌山県の協力も得られるようになり、さらには熊野地方も巻き込んで活動を続けた結果、「高野・熊野の世界遺産登録」が実現したという経緯があります。

現在では、高野も熊野も、外国人の人気が高いスポットとなっています。

高野・熊野世界遺産登録に関わったことで、見えてきた問題がありました。世界遺産登録がされて、たくさんの人が観光に訪れ、一大ブームになる。ここまではいいのですが、その**ブームが去った後、どのように維持していけばいいのか。これが問われる**のです。

世界遺産の指定を受けた自治体は、登録による制約がかかるため、地域開発がしづらくなったり、急増する観光客のごみ問題やトイレ問題に直面したりして、共通の悩みを抱えています。

そこで、その対象となる都道府県、関係する地域の方々が集まり、これらの悩みの共有や情報交換を通して解決策を見出す「世界遺産サミット」を持とうと、国土交通副大臣のときに呼びかけました。現在までに4回実施しています。

政策は実現させてこそ意味がある

1章でも申し上げたように、私は政治家として問題に着手するときには、**「何のためにするのか」という目的を見失わないこと、そしてマクロよりミクロを重視する**ように意識しています。

たとえば、議員連盟をつくっても、その後が続かずに終わってしまうパターンが本当に多いのです。

「働き方改革のために議員連盟をつくりましょう」と声をあげても、いざ結成すると、議連で提言をまとめて官邸へ提出して、それで終了してしまう。ほとんどがこのような結末になります。

そこで終わってしまっては、何の意味もありません。本当に働き方が変わるまでには、そこから3年程度はかかります。これはすべてにおいて言えることです。「ここまでやらせてください」と言うと、たいてい相手には嫌がられますが、やりたいと思ったら、最後まで結論づけなければ意味がありません。

マクロよりミクロを重視しているという話をするときに、いつも引用するエピソードがあります。

十数年前、私が国土交通大臣政務官だった頃に、リバースモーゲージ（持ち家を担保にして老後の資金を借りる融資制度）創設に、とてもこだわりを持って取り組んでいました。

予算委員会で質問した際、小泉総理から指摘事項はありながらも「いい話だね」と言われたため、明日から進むだろうと思っていました。当時は分からなかったので、それで満足してしまっていたのです。

そして6年前に国土交通副大臣になったときに、あのときに提案したことは何一つ進んでいないということが判明したのです。まるっきり手つかずだったということです。

「だから、今こんなに空き家問題が大きくなっているのだ！」

と、そこからまた動き出しました。ただ、そのときはすでにリバースモーゲージよりも空き家問題のほうが深刻になっていたため、業界の専門家たちを集めて緊急の勉強会を始めたのです。

しかし残念なことに、副大臣の任期が1年しかなく、任期中に形にすることができませんでした。

ただ、せっかくみんなで勉強したのに、ここでやめてしまったら、前回とまた同じことになってしまう……。

そこで、

「同じ轍を踏みたくない、今度こそ本気でやり遂げたい！」

という思いで、勉強会で取りまとめた8つの提案内容を本にして出版しました。

「現在この提案について、国土交通省ではこういう対応をしています。こういう法律をつくっています。こういう制度改正を行っています」

と、貸借対照表のように明示しています。業界の方々とつくり上げた提案内容に対して道筋をつけたことは、好評を博しています。

このエピソードは、マクロの決定事項に対してミクロの政策を実施していくのに、これだけの時間と労力がかかることを自ら知った、一番の実例です。

十数年前に動き出せていたら、もう少し状況が変わっていたのではないかと、今でも悔やまずにはいられません。

聞いて動いて最後は現場を動かす

「鶴保さんは、なぜそれほど迅速に政策を実現できるのですか？」

このような質問を受けることがあります。

まず、私は運がいい――これがスピーディーに政策を実現できる理由の一つです。

もう一つは、「悩むより動け」「分からなければ聞け」という姿勢で動いていることかもしれません。


解決すべき何かがあるとき、いつも関係各所のもとへ、直接話を伺いに出向きます。出向いた先で邪険にされることは、めったにありません。あったとしても、とくに気にとめることもしません。こちらがやろうとしていることは、大きくて大切な志なわけですから。

現地へ足を運ぶと、毎日同じテーマに取り組み、研究し続けている先達がいらっしゃるものです。

＊

これは理化学研究所の、ある研究者のもとを訪ねたときのこと。その方は真っ暗な部屋で、顕微鏡をじーっと覗いていました。

「覗いてみてください」

とおっしゃるので、私も覗いてみます。でも、しばらく経ってもレンズの向こうは真っ暗なまま。痺れを切らして、

「これは何ですか？」

と尋ねると、ずっと見ているとたまに火花のような光が見えて、ほんの一瞬その光がぶつかると言うのです。

そして、ぶつかったときに、ごくごく小さくピッと出るものが、世界に認められ

た発見だということ。よく解せない私が、

「ぶつかると言っても、光が走っているだけで全然ぶつかる気配がありませんが」

と再び質問すると、

「いえいえ、ぶつかるんですよ！」

という答えの一点張り。よくよく聞いてみると、前回ぶつかったのは、なんと5年前とのこと！　そのまた前は15年前というのですから、驚きを隠せませんでした。つまり、ずーっと見ていれば5年に1回、光がぶつかる瞬間に出合えるという気の遠くなるような話なのです。

さらに、ぶつかったときに生じる火花のようなそのスパークは、15秒ほどで消えていくそうです。私は、思わず聞いてしまいました。

「それは、何の役に立つんですか？」

基礎研究と言われるものは、実はほとんどが「これがいったい何の役に立つのか」

というものばかりだそうです。

私は政治家ですから、そこで終えるわけにはいきません。

「もし、これを役立たせるものがあるとしたら、どんなことがありますか?」

と投げかけると、

「まぁ、あえて言うなら、化学融合か何かで発電ができる時代になれば、役目を果たすんじゃないかなぁ」

という答えが返ってきました。それならば、その基礎研究をいったん発電エネルギーという視点から応援できないだろうか? と思い立ちました。彼らとしても、応援してくれるスポンサーがほしいところでしょうから。

「平和的な利用で、何かできることはないだろうか?」

と関西電力に電話を入れたところ、担当者は理化学研究所まで足を運んでくれました。担当者もその光を何度も目にして、ぽつりとひと言。

「先生、やっぱりダメです。時間がかかりすぎます……」

これは笑い話のようですが、この手の話は山ほどあります。理化学研究所だけでも、小さなものも含めたら400～500件にのぼります。

このように、こちらが着目しても、埋もれてしまうものも数多くあるのです。ただ、埋もれかけているものでも、アイデア一つで世の中に役立つものができることもあるのですから、今後も現場に足を運ぶことは続けようと思っています。

＊

こんなエピソードもありました。あるとき理研に足を運ぶと、担当者からグミのような柔らかい物体を見せられ、

「H_2Oを、固形でもなく、液体でも、気体でもない、このような形態にすることができたんです！　しかも常温でです！」

と興奮気味に説明されました。

「すごいじゃないですか！　それで、何に使うんですか？」

と質問すると、

「さぁ……？」

というおなじみの展開です。


しかし、こうして現地に出向いて直接話を伺うからこそ、

「これは何かに使えるのではないか？」

と発想することができるのです。

「この研究成果を活かせる人たちが、どこかにいるのではないか？　それなら、この団体とこの団体を引き合わせたらどうだろう」

思いついて、実際にタッグを組ませることができたことも多くあります。

S&II（サイエンス&イノベーション・インテグレーション）を発足させようと思ったのは、そのようないきさつがあったからです。

「技術開発のシーズ」と「何か使えるものはないかというニーズ」――。

このシーズとニーズをぶつける場は、企業内、個人間、組織、団体など、日本国中至るところにあるのです。しかし残念ながら、オールジャパンでは、このシーズとニーズの情報を求め合う場が存在しません。

そこで、本来は民間主導で進めてほしいことではあるのですが、最初のキックオフだけは我々がやりましょう、ということでS&II協議会を設立するに至ったわけです。

日頃から現場に足を踏み入れていると、こういったインスピレーションを起こさせてくれる人たちが数多くいます。また、実際に出向くことで、レベルも分かる。つまり、この研究の分野は優れているけれど、実装化できていない、社会への出口には考えが及んでいない、といったことが分かるのです。

分野は違っても皆同じことが言えます。**答えの糸口は現場にある**ということです。

＊

不動産業の方と話していると、こういった悩みを知ることもできます。

「街を歩いていると、空き家がたくさん増えているのが見える。ここをリフォームして貸し出したり開発したいと思うのだが、その家の持ち主が分からない。誰に案内してもらったらいいのかも分からない」

それならば、役所に聞けばいいかと思い、問い合わせると、「個人情報だから」という理由で教えてもらえない。その家の税金を払っている人がいる場合、役所は納税者情報を持っているのに、開示してくれない。

こういったことが、現場に出向けば分かるのです。**問題点が分かれば、あとは対処していくだけ。この流れで政策をスピーディーに実施していくことができます。**

ただ、この不動産の案件は難航しました。総務省に掛け合ったときに、

「納税者情報の開示なんてことはあり得ない。憲法違反になる」

などと、面と向かって言われたので、

「あなた方は憲法を守るために、人がいなくなる国をつくりたいのか？　法あって国の魂なしのようなものをつくりたいのか？　何のための憲法なのだ？　あなた方の組織はいったい何のためにあるのだ？　できませんという答えで終わってしまって、その先を考えられない役所はいらない！」

と、声を荒げてしまいました。

これから長期にわたって重大問題になることがたくさんあるのなら、憲法すらも変える提案をすべきではないかと私は思うのです。

ようやく動き出しても、推し進めたい国土交通省と、保守的な総務省との間に摩

擦が起こり、なかなか前に進みません。

納税者情報の開示については、一度に解決することはできないということであれば、個人情報としての差し障りを避けるために、役所と不動産業者との間に、一つ協議会を設けるという、擬制の案を国土交通省が出しました。

現在は、この方策を京都で実施しており、「京都方式を広めよう！」という活動に力を入れているところです。

そして、この方式を全国の自治体に広めようとしているのですが、今度は「何の意味があるのか分からない」と、自治体がまるで乗ってこないという事態になっています。

＊

このように、どんな政策にも、苦労は絶えません。

しかし、このようなミクロの仕事こそ、最後まで取り組んで現実のものにしなければ意味がないのです。

いくら道筋をつくったとしても——不遜な言い方ですが、馬を川に連れて来ても、水を飲ませられなければ意味がない。

ですから、今後も現場に足を運びながら、実現するまで動き続ける活動をし続ける覚悟です。

3章

スペシャル対談

スペシャル対談１

鶴保庸介×冨山和彦

地方は、再生できる――。

「地方創生のスペシャリスト」である冨山和彦氏をお迎えし、和歌山再生計画について、詳細に語ります。

「人材教育の活性化、科学技術の実装化が、地方活性化の起爆剤になる」

「地方や和歌山を、人間が豊かになるロールモデルにできたら」

【対談者紹介】

冨山和彦（とやま・かずひこ）

1960年生まれ。1984年司法試験合格、東京大学法学部卒業、スタンフォード大学経営学修士（MBA）・公共経営課程修了。㈱ボストンコンサルティンググループ、㈱コーポレイトディレクション、㈱産業再生機構を経て㈱経営共創基盤を設立。

大企業各社の社外取締役、経済同友会副代表幹事、財務省審議会委員、内閣府税制調査会特別委員、内閣官房まち・ひと・しごと創生会議有識者、内閣府総合科学技術・イノベーション会議基本計画専門調査会委員、金融庁各種委員、経済産業省産業構造審議会新産業構造部会委員などを歴任。

著書は『なぜローカル経済から日本は甦るのか』『選択と捨象』『決定版 これがガバナンス経営だ!』『AI経営で会社は甦る』など多数。

多くの企業は再生できる

鶴保　今回は私の片想いが実り（笑）、冨山さんとの対談が実現する運びとなりました。冨山さんが昔から地方創生について力を尽くされていることは、ご著書などで存じていました。その中で、とくに有名なのは「みちのりホールディングス」ですね。東日本大震災で、東北の交通網が寸断されて悲惨な状況になっていたときにも、バス事業者として支援されました。地域交通の成功事例をつくられ、現在も拡大しています。この成功事例は私にとって、意を強くするものです。

ただ、それ以前から、冨山さんは和歌山の生まれだと聞いていましたので、大変興味を持って活動に注目していました。

どこかでお会いできないかなと思っていたところ、私が科学技術、クールジャパンの内閣府特命担当大臣時代に、審議委員として協力していただいた梅澤高明さんが、冨山さんの高校の後輩であることが判明。大変クールヘッドな方で、大臣を辞めてからもお付き合いをさせていただいてきました。その中で、冨山さんの話をしていたところ、一も二もなく紹介しましょう、ということで一度紹介をしていただいた、というのが最初の出会いです。

そうこうしているうちに、ご縁というのは深まるもので、和歌山県の南紀白浜空港のコンセッション（施設の所有権は公的機関のまま、運営権を民営化すること）に、経営共創基盤を中心とするグループが手を挙げられて、見事落札されたのでしたね。今度は、我がふるさとの要である白浜空港の運営に大きく携わるということで、ぜひまたお話を聞かせていただきたいと思っていました。

冨山　こちらこそ、興味を持っていただいてありがとうございます。

私は、ボストンコンサルティングという外資系のコンサルティング会社で社会人生活をスタートしました。その前に司法試験にも通っていたので、弁護士やコンサルタントというバックグラウンドがあります。その後いろいろありましたが、名前を知られるようになったのは、２００３年に産業再生機構の実務責任者（業務執行最高責任者ＣＯＯ）になった頃でしょうか。

当時はダイエーやカネボウなどの再建に取り組んでいました。実はこのときに地方のバス会社の再建を3社ほど手がけていたんです。当時、地方は人が減っていて、ダメダメ産業の象徴のようでした。ところが、着手してみたら二つのことに気づきました。

一つは、実際にはかなり再生できるということ。もう一つは、長い目で見ると、地方は鉄道がなくなっていくため、高齢化が進む中でバスが重要な社会インフラになり得るということです。

バス会社再生で地方を活性化

冨山　産業再生機構が解散した後、地域の方々から、倒れかけている福島交通をなんとかしてくれ、という話がありました。人口も減り、過疎となっている福島は、新幹線が通るために在来線がなくなって不便な状態にあったのですが、リストラせずに非常にいい形で再建できたのです。

その評判を聞きつけて、次から次へと東日本地域の会社が、みちのりホールディングスグループに入ってきます。その途中で、あの東日本大震災と原発事故が起きてしまい、どうなることかと思いました。

鶴保　バス会社再生事業は、福島が初めてだったのですか？

冨山　そうです。福島、茨城と進めて、ちょうど岩手に着手した頃に震災が起きました。福島第一原子力発電所周辺からの住民退避の輸送も行いました。爆発が起きている中での命がけの仕事でした。

自力では20㎞圏外へ出られない高齢者、病人、乳飲み子を抱えているお母さんなど、取り残されている人々を、うちのバス１００台が決死の突入をして運び出しました。この出来事を境に、よそ者扱いでもあったわが社は、関係者や住民の皆さんに受け入れられるようになった気がします。

鶴保　従業員の方たちは、その危険な地域へ行くことに躊躇はなかったのですか？

冨山　私が、あらためて「日本人っていいな」と思ったのはそこです。自分の損得を抜きにして向かっていくのです。自衛隊は皆、津波の被災者の救助にあたっていましたから、原発のほうまでは手が回らない状態でした。加えて、遠くからバスは入れないため、地元の人間でないと誰も助けに行けない。

「我々が行かなければ、弱者を見殺しにすることになる」と、地元のバスの運転手たちは皆、驚くほど士気が高かったですね。茨城交通と福島交通は、海外から称賛されましたが、実際に英雄でした。

岩手の宮古では津波が40mにもなり、残念ながら従業員2人が亡くなっています。その後もバスを避難所として活用しました。バスは燃料があるうちは暖房がとれるので、身体が冷えている傷病者のために病院代わりに使いました。そのような活動もしたので、地域から認めていただいたように思います。

その後は、様々な会社がうちのグループに入りたいということで、現在交通事業社9社、従業員約5000人、バス2500台の組織になりました。地方バスは重要な役割を担っているということ、うまく動かせば経営は回るという経験をもとに、『なぜローカル経済から日本は甦るのか』（PHP新書）を4年ほど前に執筆しました。本書は、地方創生政策を進める方たちに、参考にしていただけているようです。

鶴保　菅官房長官の愛読書でした（笑）。

冨山　ありがとうございます（笑）。本業のほうではパナソニック、東京電力の社外取締役などでグローバルな仕事にも携わる一方で、地方の会社にも関わったり、いろいろなことに取り組んでいます。

南紀を地方活性策のモデルにする

鶴保　今回、白浜空港のコンセッションに手を挙げられた理由は何ですか?

冨山　最初は、4、5年前に関西国際空港のコンセッションのときに財務省が出したハードルが高くて、困難な状況だということで私たちが手伝うことになったんです。そこで、我が社から腕利きの何名かを派遣しました。

関わってみたところ、これはまだいろいろと改善のしがいがあることが判明しました。結局、関空がうまくいった経緯を横で見ていて、改善のしがいがあるほうが仕事のやりがいがあるし、ビジネスとしてもプラスだと感じたのです。

鶴保　大変ですよ、相当！（笑）

冨山　そうですね。ですが、すごくいい経営をしている会社というのは、改善しろがない分、大変なほうがチャンスも生まれますね。

だいたい地方の会社や公営の会社は、経営らしい経営をしていないことが多いのです。ですから、１００ｍを30～40秒でゆっくり走ったり、ヘタすると反対方向へ走っていたりすることもあります。少なくとも正しい走り方を覚えて、筋トレをしてまっすぐ走れば、20秒を切れるくらいまで改善するのです。

40秒だったところが20秒となれば倍の違いが出てくるので大きいですよ。そういった部分が空港にもあると思い、関空での取り組みが無事に終わった後、同じメンバーでコンセッションをやってみようということになったわけです。

儲かっている空港は、誰が携わっても黒字になりますから、皆が手を挙げるわけです。そこには、あまり我々のような会社は向かないと思っていますし、資本力が足りない。こちらは、どちらかというとマネジメントの知恵と汗と涙で勝負しているので（笑）。

そうなると、むしろ地方空港のほうがおもしろいと感じています。そんなときに、白浜空港のコンセッションの話があり、手を挙げたというわけです。

そこで、久しぶりに白浜へ行ってみました。昔はプロペラ機だったので、「ジェット機で行けるんだ」という素朴な感想を抱きました（笑）。家内と一緒に熊野古道などを見てまわったのですが、昔と違って道路もよくなっていて、元和歌山県民ながら、あのインフラの整備具合には非常に感動しました。

鶴保　いえいえ。……どんなもんだいっ！（笑）

冨山　うちのメンバーも一緒にリサーチをする中で、改善しろを感じたようです。でも、まず何よりも、東京から近いということに驚きましたね。子どもの頃のイメージでは、和歌山から東京は遠いところだったのに、今ではまるで違うということを実感しました。

ある意味、東日本でバス会社を経営しているのと同じ世界観、つまりまだ、改善しろが山ほどあることを感じています。地方創生という脈絡で言えば、観光業を軸としつつ、東京から近いという利便性を生かして、サテライトオフィスを置くという動きもあります。今後、いろいろなテーマでモデル地域になると思って取り組んでいます。

鶴保　航空運賃も含めて見直しを図るのですか?

冨山　そうなるでしょうね。まず、便数と飛行機の大きさ、乗客密度の問題などがありますね。それから、飛ぶ際の固定費が変わらないとなれば、大きい飛行機のほうがいいわけです。それには、安定的に乗ってくれる人をどう確保するかということになります。これはニワトリとタマゴの話になりますが。そうなると、白浜エリアの交流人口が増えなければなりません。つまり、白浜エリア全体の地域創生ということになるわけです。そこで我々は、地域と組んで、地域創生型でやろうと提案しています。

鶴保　国際空港化も考えていらっしゃるそうですね。メインの白浜〜東京間以外にも、就航便は増やす計画ですか？

冨山　はい、各方面への便数も増やしますし、海外からのインバウンドも取っていくつもりです。現在、チャーター便は飛んでいますし、来年からホンダジェットも国内で飛ぶようになるので、プライベートジェットの離発着も視野に入れています。

鶴保　プライベートジェットの駐機場がないというのは、重要なポイントですね。地方空港の今後の使い方として、プライベートジェットの駐機場をつくり、たとえば白浜空港から羽田空港へ飛ばすという使い方が増えるということです。

コンベンションから観光につなげる

鶴保　また、IR（Integrated Resort：統合型リゾート）に、和歌山も手を挙げています。IRにはカジノ（＝賭博場）というイメージがついてしまっていますが、観光開発で交流人口を増やすための起爆剤ですから、和歌山にとってはぜひとも進めたいと思っています。

ただ、ＩＲ法案決定後の詳細について国会で行われている議論が、個人的にはまだまだ熟していないという気がしています。ハイローラー（カジノ運営側にとっての重要顧客）が入ってくるために、有名カジノではどこも持つジャンケット（ハイローラーの誘致や接遇をする業者、営業部隊）の立場やありように皆さん頭を悩ませているのです。

このジャンケットは、富裕層であるハイローラーの方たちとつながりがあるため、海外の事例を見ると、たまには悪いこともすると言われているのです。その対策として、たとえばシンガポールなどは、ジャンケットを公務員にしています。そこの議論を、日本ではこれから詰めていかなければなりません。

冨山　和歌山県の場合は、ＩＲの候補地は「和歌山マリーナシティ」ですか？

鶴保　そうですね。この法律ができれば、全国で数カ所を国が指定します。そして、これが成功してその後数カ所では足りないということになれば、第二次選定をする予定ですが、その際には国が指定するかどうかは決まっていません。

とりあえず第一次では国が指定することになっています。その候補地が、和歌山、大阪、東京、横浜、北海道、長崎、沖縄などです。

IR法の対象は、大半がインバウンドです。そこで消費をしてもらうという意味で言えば、ハイローラーが対象になります。私は今の和歌山の観光をベースに、数年後にインバウンドが倍増するという甘い計算は成り立たないとみています。

まずコンベンションを開催するなどして、和歌山に様々な人が足を運ぶ仕組みをつくっていくべきです。そこにプラスして、食や観光がついてくるのではないかと考えます。

冨山　コンベンションで来てもらい、そこで楽しい思いをして、次は観光で訪れてもらうという好循環を生みたいですね。

私が久しぶりに白浜へ行ってみて感じたのは、まず一つは東京から近いことです。かかる時間は軽井沢へ行くのと同じですから。そして、自然豊かで食べ物がおいしい。魚料理はやっぱりおいしいですね。食べ物が安くてうまい！

そして日本人が大好きな温泉がある。さらに言えば、トライアスロンの聖地なんですよね。海は綺麗ですし、サイクリングコースは整っている。トライアスリートには、わりと富裕層が多いようです。まず自転車が高いですから。トライアスリートの友人は「海外から直行の飛行機がないことと、泊まる場所が少ないことを除けば、こんなパーフェクトな場所はない」と言います。

ホテルは全グレードを揃える

鶴保　ホテルはたくさんあるように感じますが、それでも少ないのですか？

冨山　きっと、ハイクラス向けの宿泊施設がないということなんでしょうね。トライアスリートは、300万円もする自転車を持っていくわけですから。また、大会時には一度に何百名もの人が訪れますから、一時的に空きがなくなってしまうのでしょう。

釣りをする人にとっても楽しい場所でしょうね。アメリカやヨーロッパで一番人気があって時間を長く使う趣味は、実は釣りらしいのです。海釣り、川釣り、フライフィッシングでリリースしますが、白浜は釣り場としてもいいはずです。そう考えると大きなポテンシャルを秘めていると感じます。

鶴保　10年くらい前ですが、インターネットを使って、釣り船をチャーターするサイトを立ち上げたいと相談を受けたことがありました。スマホをかざせば、明日はどこで何が釣れるかが分かり、釣り船を予約できるサービスができないかと思ったんですね。

ところが、地元の船主があまり協力的でなく、「いざとなったら釣り船を貸してくれませんか?」と地域の組合長に営業活動をしました。

でも実際にはあまり需要がなく、計画も立ち消えになってしまったようです。10年前の話なので、今は状況が変わっているかもしれませんが。今の冨山さんの話を聞いて、もう1回このサービスをやっていただけないかと思いますね（笑）。

冨山　鶴保さんが国土交通副大臣だったときは、外国人観光客数の目標が1000万人でしたが、見事に達成され、現在は3000万人にまで伸びていますね。地方創生における宿泊の問題は、地域の労働生産性との絡みもあって重大ですね。

日本の現在の宿泊産業構造というのは、星でいうと三ツ星だらけで、要するに幅がない状況です。これは、ある時期の日本の社会構造を反映しています。この構造は、実は生産性がもっとも低いモデルなのです。手間がかかる割に、それほどお金をもらえない。これが今、観光産業の壁となっている部分なのです。このモデルで低賃金となると、ますます働き手を確保できない。

インバウンドの話となると皆、この問題に直面していて、そうなると考えなければいけないのは五ツ星ホテルから、民泊のようなレジデンシャル型まで幅を持たせることです。どの地域でも幅を持たせなければならないのですが、既存の旅館業はほとんどが三ツ星です。彼らも差別化をしていかなければ難しく、ここをどう改善していくかが共通の問題ですね。

鶴保　以前、イベント民泊というのをスタートさせようとしたことがあります。これは、たとえばある自治体でマラソン大会を実施するとき、イベント期間中には、本来なら宿泊施設として認められないような施設も宿泊場所として許可されるという、特別な民泊制度のことです。

平成28年の4月に観光庁・厚労省で改めてガイドラインをつくり、各自治体にその通達を出しました。ところが、その通達の内容を確認したところ、なんと「年に1回しかイベント民泊を認めない」と書かれていたのです。

これは、ある会社がサイクリング大会を開催したいと自治体へ申し出たところ、「ほかにも様々なイベントがあるので、あなたのところばかりにイベント民泊させるわけにはいかない」と言われたという話が耳に入ってきて知ったのです。

こんなバカな話がありますか？　旅館業法の所管官庁である厚生労働省が、旅館業界に気を遣った結果、年に1回になったらしいのです。これには私は、怒り心頭で掛け合いました。その後、「年に1回」だったところが「年に数回」に変更されたので、ぜひ地方自治体のみなさんは、イベントを開催してこの制度を活用していただきたいですね。

地方ならではのニーズ、シーズから紐解く

鶴保　和歌山に限ったことではないのですが、地方創生にあたって、今ある事業を100m走40秒から20秒に縮めて質を高めるには、冨山さんがお話しされた通り、まだまだできることはたくさんあります。ただ、世界レベルにまで引き上げることや、日本を牽引していくような柱となるものをつくるとなると、なかなか難しいものがあります。

そこで、起死回生策として、「科学技術のようなイノベーションを起こす仕組みを地方につくれないだろうか?」と思うのです。

もっと具体的に言えば、たとえば、和歌山の漂着ゴミ問題のように、地元の市町村だからこそそのニーズを的確にとらえてくれるシーズをつくり出せたら、これを起爆剤にしてほかの地域で役立てることができると思うのです。

簡単な話のようですが、たったこれだけのことができない。なぜなら、情報がないからです。人が集まらないからです。

もう一つは、ニーズを地方自治体が持っていたとしても、それに応える新しい技術を採用する仕組みがわが国にはありません。ですから、これらについて、ぜひ和歌山で成功事例をつくりたいと思っています。

このことについて冨山さんとお話ししたときに、素晴らしい科学技術を持つ地方大学があることを伺いました。こちらとしては、先ほどのニーズオリエントではなく、シーズオリエントでもいいから現場に実装化できないかという考えを持っているのですが、ぜひそのあたりについてもご意見をお聞かせください。

冨山　おそらくアメリカで海洋系の研究で一番優秀なのは、UCサンディエゴかと思います。サンディエゴは海洋都市で、地域環境が和歌山と似ているのです。どちらもトライアスロンで有名ですしね（笑）。

昔は田舎のリゾート大学というイメージだったのが、現在は医療系のバイオではトップ大学です。地域の特性を活かしていることが大きいのです。和歌山のような海洋系の都市は明らかにチャンスと言えます。

そうなると次のテーマは、地方大学の見直しですね。ミニ東大やミニ早慶を目指していては、残念ながらこの流れは起きません。地方の大学であれば「選択と集中をして、その地域を活かす」という部分が勝負どころになります。

地方大学はとくに実学を教える

鶴保　地方大学の強みや海外の大学との共通点はありますか？

冨山　結局、東大を指針として見ている大学は、どうしてもミニ東大になってしまう……。東大を参考にしている教員が多ければ、自然とそうなります。関西でも教員が「いつか京大に。いつか阪大に」という目標を立てているケースが多いように感じますが、和歌山に関しては、この呪縛が薄い印象を受けます。

ですから、その部分についてはアメリカの地方大学に近い立ち位置にあると思います。東大や早慶を気にしないとなれば、その大学の特色を出せることになるので、おもしろいと思うのです。

中央の大学というのは、おしなべてミニ東大化してしまいがちです。また、日本の大学は、学長なり理事会なりの任期が圧倒的に短い。たとえば、スタンフォード大学の学長の任期は、20年ほどに及びます。スタンフォード130年の歴史で学長は現在、20代目程度です。これだけ長い期間務めることができれば、長期的な改革も可能になります。

一方、日本の大学の仕組みは、誰も強い人がいない状況です。学長の任期は短く、それほど権力も持っていないために、結局、学部の構成や定員などが永久に変わらず、その大学の特色を出すことが難しくなっているのでしょう。

ただ、学長の力を強くして任期を長くするためには、学長がおかしな方向へ行かないように監視し、おかしければ解雇できる仕組みを整えておかなければいけません。それにしても、日本の大学の仕組みは、改善の余地が大いにあります。

鶴保　これは大学に限らず、すべての組織が同じ状態のような気がしますね。

冨山　現状の仕組みでも、東大なら成り立ちますが、地方の大学は差別化できていることが大きな意味を持ちますから、ミニ東大では、生き残りは難しくなるでしょうね。学長を選ぶ理事会が真面目に考えるのであれば、有能な人に学長になってもらい、まずはアカデミックに、ある分野でトップにのぼりつめることが重要ですね。

鶴保さんのおっしゃったように、たとえば「海洋環境汚染の分野で世界のトップに行こう！」という明確な戦略があるのであれば、そこに全エネルギーを集中するべきです。

鶴保　和歌山大学の場合は観光学部があるので、観光に力を入れているとは思います。

冨山　それをどこまで傾斜をつけられるかですね。もう一つ申し上げると、海洋環境汚染のような話は、アカデミックに考えることと実務にそれほど違いはありません。ところが社会科学系の話は、アカデミズムのアプローチと実務との間に、大きな隔たりがあるのです。得てして、皆さん経営学部をつくってしまうんですね。そうすると、「経営学」という学問を教えてしまうのです。

アメリカではそもそも経営学部というのは存在せず、商業学部を設置しています。つまり、「実務となる経営」を教えているということです。日本は放っておくとすぐに学問の方向へ向かってしまう。たとえば観光ならば、「観光学」になってしまう。ここが問題だと思います。

鶴保　まったくその通りです。「〇〇学」となると、実務からはかけ離れてしまいます。

冨山　政府が職業大学をつくるようですが、明確に「職業学校」という位置づけにしたほうがいいと思います。文科省へ「L（ローカル）型大学ならば、経済学などのアカデミズムを教えるのではなく職業大学として、簿記会計をちゃんと教えるべきだ」と発言したら、大変なバッシングに遭ってしまいました。

鶴保　少子高齢化で新規の大学はいらないという議論も出てきていますが、後発の大学こそが、そういった実務に特化した学部体制をつくれば、人材が集中し新陳代謝が生まれるはずです。今までと同じことをしていては絶対にダメですよね。

冨山　簿記会計というのは、300年間同じ仕組みですからね。「経営」をつくった福沢諭吉先生は、学問のすゝめで、「いくら漢文でそれをそらんじて言えたとしても銭にはならない。これからは学問をやらなければならない。学問とは実学のことである」とおっしゃっている。その実学のなかに、簿記会計も入っているのです。

ひょっとすると、昔、大学ができた頃のほうが実学志向だったかもしれません。いつからか、そこから離れていってしまいましたが。

もちろん真理追究型の大学も必要です。ただ、大学進学率が5%くらいであればそれも有効かもしれませんが、今は60%に届く時代です。そうなると、真理追究をしても趣味のレベルで終わってしまうのです。このことはいくら叩かれても、言い続けています。

学究に携わる人に適切な環境を

鶴保　おっしゃる通りです。とくに地方の大学はそうですね。たとえ医学部だとしてもそう思います。

まだ正式発表にはなっていないのですが、今度、和歌山県でロケットの基地をつくろうとしています。今は鹿児島県の種子島宇宙センターと内之浦宇宙空間観測所くらいなのですが、本州で地理的条件を満たすのは、高知県か紀伊半島しかありません。

北海道にもあるのですが、地理的に不利なこともあり、ロケット事業会社は和歌山に興味を示しており、現実のものになりかけています。もし実現すれば、ロケットの分野は裾野が広いので、起爆剤として科学技術の領域で何かできるのではないかと思っているのです。

冨山　これは見落とされがちなのですが、シリコンバレーが発展した背景には、スタンフォード大学が立地していた場所の環境のよさというのがあるんです。気候は快適で、海やゴルフ場もあり、スキーができたり……。

ハイテク型でその地域を振興していくときに、実は住環境が非常に重要なのです。気候や文化など、住んでいて楽しい場所でないと発展していきません。その脈絡で言えば、白浜は暖かいし東京も近いし、食べ物もおいしくて、自然も美しいですから、とても恵まれた土地だと思います。

皆そういったことを無視して、筑波などに設置してしまう。何も遊ぶところがなく、ひたすら勉強に集中できるかと考えがちですが、それは間違いで、人間は猥雑なものがなければやっていけないものです。

あのようなハイテクで頭を使うような仕事をする人というのは、皆さん根暗で寒いところでOKだと思っているのかもしれません。でも私が見てきたスタンフォード大学のハイテクベンチャーのエリートたちは、遊ぶのが大好きです。男子は女子が好きですし（笑）、よくお酒も飲みますし、陽気です。

鶴保　そうですよね（笑）。この白浜をいいところだと思ってくれている人はいますか？

冨山　いま、サテライトオフィスが何社か出てき始めています。アメリカの株式会社セールスフォース・ドットコムも白浜オフィスがありますし、今後はさらに増えていくはずです。それから、何より子育て環境がいい。東京への移動が近いということが重要で、パッと出張にも行けるので、白浜エリアにサテライトオフィスをつくって家を持つほうが、生活レベルはぐんと上がるはずです。

そういう意味では、介護施設にも同じことが言えます。東京の港区に病院を建てるより、白浜へ建てたほうが、飛行機代を考えても楽に吸収できてしまいます。広い土地と環境があり、ホームに入った人たちの移動の部分をコストに乗せたとしても、イニシャルコストを考えれば、とても安くなります。極端なことを言えば、港区の飛び地として活用することもできます。なにせ、地価が2ケタ違うのですから。

南紀白浜に人を運んでくる方法

鶴保　そのスタートとするために、交流人口を増やそうという話をもう少し深く掘り下げたいのですが、白浜空港をコンセッションされて、その後どんな計画をされているか、具体的に聞かせていただけますか?

冨山　大きなシナリオとしてイメージしているのは、まず現在、朝夕3便の東京~白浜間の機体を737型にサイズアップすることと、飛行機便数を増加させることです。

今は日本航空だけですが、ＬＣＣを含めた各エアラインにも参入してもらうこと。羽田空港側の問題として、現在はいっぱいの状態なので、首都圏の別の空港から飛ばすことも検討できます。また、東北からチャーター便を飛ばすと割と埋まるようです。北海道や東北の寒い冬に、暖かい白浜でゴルフをする人たちも多いのでしょうね。

もう一つは、海外からのインバウンドです。すでにアジアからは来ています。一番多いのは韓国からの冬場のゴルフ客。ほかには、ヨーロッパ、とくに寒いロシアからの観光客です。今回、テストマーケティングで現地の旅行エージェントに来てもらったのですが、大好評でした。

ヨーロッパの人は古いものや巡礼も好きですから、熊野古道が世界遺産に登録されたことをよく知っていて、訪れた方たちは感動しています。スペインの巡礼路、サンティアゴ・デ・コンポステーラと熊野古道は、姉妹道提携をしていますね。

まずはロシアを先行させようと思っていますが、ヨーロッパからも来てもらえるように考えています。そうすると、ヨーロッパ便は成田と羽田に入ってくるので、今度は成田~白浜間をつなぐことです。できるだけ多様なお客さんがいたほうが強いですから。

クラシック・クールジャパンのように、古いものがそのまま残っていて、熊野古道や空海など、ストーリー性がたくさんある和歌山県をアピールしたいと思っているのです。

鶴保 そこなんです。台湾からのチャーター便を出したことがあるのですが、当時、県も含めて地域の協力体制があまりよくなかった。みちのりホールディングスのご経験から、たとえ地域が必ずしも協力的でなくても、成功できるきっかけやコツみたいなものがあれば、教えていただきたいですね。

冨山 でも、だいたい最初は皆さんノリが悪いですよ、どの地域も(笑)。でも、成功事例が見え始めると、乗ってきてくれるという感じではないでしょうか。最初はどうしても試行錯誤しますから、うまくいったり、うまくいかなかったり……を繰り返すわけです。

たとえば東北で言えば、宮城県知事の村井さんがすごくがんばっていらっしゃいますが、最初はやや冷ややかな目で見られているところがあったようですよ。

東北のモデルで言うと、海外からのお客さんに来てもらうとなると、ゲートウェイはやはり仙台になります。問題は、仙台空港から入ってもらった後です。ヨーロッパのお客さんが好む体験型観光で、長期滞在できるものを揃えていくとなると、仙台市内だけでは賄えません。

そうなると、宮城県に隣接する岩手県や福島県、山形県などへ連れていくことになり、お金が落ちるのは宮城県だけではなくなります。そういったキャンペーンを展開するというのは、従来の行政区分で言うと、関心を持たない人が大勢いるのが実情です。

実際にお客さんが増えてきて、地域の旅館や飲食店も潤うことが実感できるまでは、どちらかと言うと無関心かもしれません。

鶴保　それをブレイクスルーしていくきっかけは何でしょう？

冨山　それは、成果が見えるところまで、本気でがんばることでしょうね。

地方で事業を始めるときのポイント

鶴保　成功事例をつくるまでに、何年かかりましたか？

冨山　みちのりグループが地域の方々に評価されて、皆が寄ってきてくれるようになったのは震災の後くらいですから、４～５年ですね。粘り強く持続させることは意識しました。

鶴保　その間は、赤字続きだったのですか？

冨山　いえ、黒字にはしてきました。先ほどの１００ｍ走を40秒から20秒にするような、自分の手の内でできることはコツコツ取り組んでいると、それだけでも波及効果はあります。しっかりと着手すれば収益力が上がってきますから、生産性が上がり賃金を上げることができるのです。

そうすると、「どうもあそこのバス会社は待遇がいいらしいし、経営もしっかりしている」という評判が広がり、やがて労働組合のほうから、みちのりグループに入りたいという申し出がくるんです。そうなると、自分たちも同じようなことをしようという空気が、じわじわと広がってくるんです。

このプロセスを見せることが、信頼を勝ち取る方法であり、皆が味方になってくれる方法であると思います。

私たちが2～3年の短期間で業績をよくして、終わったら帰ってしまうという取り組み方では、地方では絶対に受け入れられません。「こちらは100年います」という覚悟で「僕らは、皆さんが変わるまで、腹を括ってやりますよ」と言い続けていました。おそらく震災を境に「この人たちは本気なんだ」と感じてもらえたのではないかと思います。ただ、それだけではなく、経済的に成果を上げることももちろん重要です。

ですから、白浜のケースも、まずは自分の手の及ぶ範囲で様々な改善を加え、一つひとつ成功を積み重ねて、賛同してくれる人を地域で増やしていくことでしょうね。

鶴保　なるほど。それにしても、ボストンコンサルティングという、成果を強く求められる企業に籍を置かれていた経験からすると、３～４年かかる事業は長くかかりすぎだと感じられたのか、あるいは結果的に4年でできてよかったと感じられたのか、感想をお聞きしたいです。

冨山　そこは、おっしゃる通り大切なポイントです。私は長期戦でよかったと感じています。時間をかけなければ基盤をつくれない事業というのは、一度構築すると強い。そう簡単に他社が参入できないのです。

地域における信頼やネットワークは、5年、10年という時間をかけなければ築けません。短期間の勝負に強い事業者は、時間というコストを使えないので、待てないわけです。

生き馬の目を抜く競争の世界では、毎日１００ｍ走をこなしているのと同じこと。１００ｍ走の試合なら毎日できますが、フルマラソンとなると、そうはいきません。種目が違うのです。地域型の産業は、基本的にはマラソンです。ですから、長距離走を走るペースで走らないと、５㎞くらいで棄権することになります。

鶴保　儲かっているな、と思ったら参入してくる事業者もいるけれど、しばらく耐えていれば大丈夫ということですか？

冨山　大丈夫です。持久戦、延長戦に持ち込んだら、短距離を得意とする彼らは足をつってしまいますから（笑）。

観光は体験型が突破口になる

鶴保　話は変わりまして、政府としては、インバウンドで呼び寄せたいのは、消費力の高い長距離路線を利用する欧米人です。そして高野山は、ヨーロッパからの観光客が多い。高野には宿坊が多くあります。宿坊は、形式上、簡易宿泊所です。この宿坊のような形式で風穴を開けて、欧米人を呼び込む仕組みをつくるべきだと私は思っています。

冨山さんの目から見て、熊野古道や高野山で消費額を増やす、持続的な観光のポイントはありますか？

冨山　欧米人の一定以上の富裕層は、基本的に体験型でないと興味を示しません。彼らは高野山に巡礼の体験をしに来ているので、宿坊自体が体験そのものになります。朝、座禅をして写経する体験も人気がありますね。

ところが、日本の観光モデルはまだ、いわゆる「観ました」という観光。アクティビティは彼らにとってすごく大事ですから、その体験をどう用意できるかにかかっています。

鶴保　なるほど。以前、観光政策を担当していた時期に、海外観光客に向けてアンケート調査をしたところ、1位「食」、2位「体験」、3位「観光」でした。食べることも体験ですからね。この結果からも、我々が考えているより、ただ物を見るという観光の価値が低いことが分かります。

冨山　和歌山はトレッキングする場所もたくさんあります。いかに自然の中でリフレッシュするか、いかに聖地で精神的な健康を整えられるかが肝になりそうですね。神秘体験、禅、写経など売りになるものは豊富にあります。

彼らの中では、禅＝クールという位置づけになっています。スティーブ・ジョブズのおかげで禅や瞑想は大人気ですから、このアクティビティをどれだけ上手に売り込めるかにかかっているでしょう。

また、彼らは海外から予約するので、受け入れ態勢の充実度も重要です。英語ができてアクティビティをガイドできる人材の充実も、同時に必要になりますね。

鶴保　沖縄に行ったときに「世界ウチナーンチュ大会」というイベントがあったのです。ほぼ5年ごとに開催され、沖縄にルーツを持つ海外移民が集まって、国際交流ネットワークを繰り広げるというものです。このようなイベントを、和歌山でもぜひ開催したいと思っています。

高野とは直接に関係あるわけではありませんが、様々な場で姉妹都市提携がなされるように、海外とつながっていくためのアイデアがほしいのです。

冨山　実はうちの家系も、和歌山からカナダに移住した移民です。和歌山には世界へ移り住む人が多いですからね。僕は本来は三世になりますが、戦争が始まる前の昭和16年の夏に、和歌山へ帰ってきているんです。父親の代にあたります。ただ、もともといた仲間たちはほとんど残って強制収容されてしまい、昨年は、日系人強制収容から75周年のイベントが開催されました。

鶴保　そうなのですか。たしかに、カナダ、アメリカ、メキシコ、ブラジル、ペルー、パラグアイ、アルゼンチンにも和歌山県人会があって、沖縄や高知などと同様、移民がとても多い印象はあります。

冨山　ハワイには、沖縄から移住した人が多いですね。和歌山の場合は、おそらく北米と中南米に渡る人が多数だったのではないでしょうか。たしかに、そういった海外移民の交流イベントもいいですね。

統計の力で日本の未来を開く

鶴保　中央省庁の地方分権の一つで、和歌山に総務省統計局の統計データ利活用センターが置かれるのです。その統計の中身をどう使うか、どう分析するのか。

現在の統計局は、単に統計を取っているだけの状態です。アナリストを育ててアカデミックな組織にすることが起爆剤にならないかと考えているのですが、どうでしょう。

冨山　いいですね。現在、日本はデータサイエンティストの厚みがないという特徴があります。ある程度コンピューターのプログラミングができること、統計数学ができること、この二つの条件を満たさなければなりません。

ところが、超高級なアルゴリズムをつくる人はかなりレベルが高いものの、そういった人たちはＡＩ系の人材で言えば全体の数パーセントでよくて、残りの90数パーセントの人はそこまでのレベルを持ち合わせていなくてもいいのです。

むしろ、文系的センスを持ち合わせていることのほうが大切です。統計というのは、その数値に隠れている意味合いを読めなければなりませんから。

ある統計分析をして、その背後にはこういった社会的ストーリーがあるだろう、という因果関係に気づく力が問われます。そうすると、文系と理系の中間的なタイプの人材が求められるのです。

鶴保　科学技術の担当大臣をしていたときに、ロケット打ち上げでリモートセンシング衛星の膨大なデータを取ったのです。そのデータをどう活用するべきなのか？　こういったデータの料理人が、日本には少ない。この分野は、ほとんど欧米に取られてしまうのです。結局、私たちはデータベースを集めているだけの状態になってしまっている。これは由々しき問題で、国家をあげて人材を育成しなければいけないと思っています。

冨山　それは、まさに東大の松尾豊先生が一生懸命取り組んでいて、僕も手伝っているところです。この問題を解決するには、どれだけいいプログラムを用意できるかにかかっています。

たとえば、地方大学の理科系に受かるレベルの学生であれば、しっかり勉強すればおおよそ身につけられるでしょう。問題はその先で、統計の力をつける本物のプログラムを用意することです。

東大の松尾研究室にはいいプログラムがあるので、たとえば統計局に付属学校のようなものを設置するとか、和歌山大学と提携するなどして、そこで勉強させる方法もあると思います。せっかく生の材料があるのだから、それを使って訓練をする案もありますね。

鶴保　それはぜひやりたいですね。せっかく統計局が来るのですから。

冨山　ちょっと大仰に言ってしまえば、データサイエンスの専門大学を設置し、4年間しっかり学べば、相当使えるデータサイエンティストになれるというものを構築するのです。あるいは大学の授業の中に、講座として入れてもいいかもしれません。

このような分野には、学生はたくさん集まります。東大でも統計の講座を実施すると、文系の生徒も含めて、ものすごい数の学生が参加します。文系でも統計がだんだん必修科目になってきており、ある程度の統計分析能力が求められるようになってきたという背景もあるようです。

ビジネスを考えるときには、簿記会計のような基本種目がいくつかあります。学生のうちにある程度の統計分析の理論と、ある程度のソフトウェアを使えるようになっておかなければ、就職してから苦労します。とくに、統計数学は若いときに学んでおいたほうがいいです。歳をとってからの学習はつらいですから（笑）。

鶴保　サイバーセキュリティ大国であるイスラエルに出向いたとき、そのセキュリティの総本山のような場を見せていただきました。ズラーッと並んだパソコンの前に若い男性が座っていて、見たことのない数式を一生懸命解いているのです。それをさせることで、サイバーセキュリティの力が非常に上がるそうです。

さらに、サイバーセキュリティのエリート集団８２００部隊に入るためのリクルートを、イスラエルでは小学生のうちから実施しているというから驚きです。

冨山　あちらは、超エリートに限らず、統計分析力を必須の能力とみなしているので、ちょっとした相関分析や因果関係は皆データからはじき出しますし、実際のビジネスでも統計の数式を組み込んでプランニングをすることもあります。

私たちの世代で言えば、アメリカのファイナンスの理論が日本に入ってきた時期には、まだその分野は身につけるべき必修科目ではありませんでした。

ところが、アメリカでは皆、それを学んで武装しているわけです。平均的にファイナンスの理論武装をしているビジネスマンと、していない我々の間で金融破壊が起こると、明らかに大きな差となってしまうのです。それが、バブル崩壊後に日本がアメリカに負けた一つの原因にもなっています。もちろん、金融で負けるのは政治的な問題もありますが、個別の能力差もあったと思うのです。

そういった意味合いで言えば、データサイエンスの分野もだんだん必修科目になってきていて、ヨーロッパやアメリカ、あるいはイスラエルのそこそこのエリートたちは、皆力をつけて武装しています。ですから、日本もこの分野のレベルを上げておかなければいけません。もちろんトップクラスの天才がベンチャー事業を立ち上げるのも重要ですが、やはり基盤人材をつくる足腰となる学校を創設することは、もっと求められることでしょう。

鶴保　今度、サイバーセキュリティのための「ホワイトハッカー議案」をつくるのですが、それをつくって何をするのかという根本的なところで立ち止まっている状態です。私たちは経験上、人材育成からまず始めたらどうかと言っているところです。

冨山　それがすべてだと思います。

鶴保　こういったカリキュラムを履修すれば、ある程度基礎的なところはカバーできますよ、というものをつくってあげることですね。

冨山　それを学んだ学生の就職の心配は、まったくいりませんよ。引く手あまたになります。ただ、日々刻々と変わっていく分野でもあるので、常に最先端に触れなければなりません。そうなると、あまり「学校」の色が強いものではなく、たとえば統計局が入るとなれば、実際に統計局で扱っている数字を研修として取り入れるのもいいと思うのです。

そして、スキルの勉強と、かなり実務に近いデータ分析をあわせて身につけたほうが、確実に力がつきます。次々に出てくる新しい技術を追いかけ続けなければなりません。

求められる能力には二つあります。「持っているスキルを使えること」と、「新しいスキルを次から次へと学習する能力が高いこと」。この二つの条件を満たさないと、すぐに落ちこぼれてしまいます。その両方の力を鍛えていくことと、統計局付属学校のようなものをつくって学ぶといいかもしれません。

鶴保　これは重要な検討課題ですね。ロケットもきますし、チャンスです。

実社会のデータ活用で豊かになれる

冨山　昔の研究というのは、学術研究があって、基礎研究があって、応用があって……とライン状だったのですが、最近のＩＴ系の研究を見ていると、スパイラルなんです。

つまり、学術研究よりもすぐに実践応用をする。実践応用により学術研究が検証されて、また何らかの結果から生じることがあって、それをまた学術研究にフィードバックするという、スパイラル状に上がっていくのです。

データの世界で言えば、企業に最先端のデータがあります。統計学も同じで、実社会が最良の実験場であり、かつ研究の材料になります。これを遮断されてしまうと、材料がないまま研究することになってしまいます。やはり、実社会に研究材料はあるのです。

有名なディープマインドという世界トップのＡＩ企業の幹部は、ほとんどが大学の先生を兼務しています。オックスフォード大学にもケンブリッジ大学にも籍があって、ディープマインドにも籍があるようなケースが多いのです。

こういう話が盛り上がってくると、社会科学系の先生はかなり興味を示すと思います。社会科学のアプローチというのは、データに重きを置くことに変わってきています。社会の動態を見るというのは、物理学と同じで、その動きからある種の法則性を見つけるのです。昔よりもデータ分析力が高くなっていて、そのデータからある種のモデルを抽出できるようになってきていますから。

鶴保　ＡＩもそういったやり方なのですか？

冨山　それに近いですね。まず、人間だったらこういう考えをして、こういう動きをするという仮説で一定のモデルをつくります。それで実際に学習させてみると、その通りにいかないので、アルゴリズムをいじって……ということを繰り返しているのです。それで、だんだん人間に近づけていくという作業をします。

社会科学も同じで、現実に起きていることを説明しようとするわけです。たとえば、「金融緩和をしたらこうなるだろう」という大雑把な仮説ですが、問題は、これを大雑把な仮説だと思う人がどれだけいるか、ということ。現在は行動からデータが取れますが、以前はアンケートでした。人は、アンケートにはうそを書くこともある（笑）。中庸に見せようとする心理が働くようですね。

鶴保　選挙の出口調査もそうですものね（笑）。

冨山　データはそうではありませんから。そういう意味では、社会科学の分野は曲がり角にいるのです。欧米の若い経済学者は、データサイエンスに大きく舵を切っています。頭の中でモデルを一生懸命考えるよりも、データを先に触ろうという流れに変わってきていて、かつ実際にデータを実証していくのです。

ですから行動経済学では、行動様式をテストするのに、Googleと組んでしまって、たとえば、あるコマーシャルを打った場合、皆がどう行動するかとアプローチしたほうが早い。そのように流れは変わってきています。

鶴保　観光で免税制度をつくったときの免税データを吸い上げる仕組みを、今秋から始めるところです。そのデータベースをどう使うかによって、海外からの購買層が分かりますから、次の戦略が打てます。ここに着手すべきなのですが、今の観光庁にはそのような手がありません。

冨山　ディスカウントストアの「ドン・キホーテ」などはたくさんデータを持っているでしょうね。彼らは非常にうまくデータを活用しています。

こういう話になると、データサイエンティストもそうなのですが、いざ動こうとしても、現実的にはデータサイエンティストの数が足りないという問題が起きて、実現にこぎつけられず元に戻ってしまうことが往々にしてありますね。

組織と張り合おうと思ったら、まず人材育成なので、そこは真面目にコツコツ取り組むということに立ち戻るべきです。大学1年生がそういったカリキュラムを受ければ、その世代の技術はすぐキャッチアップできます。

最先端の技術というのは、幸いすべてオープンソースですから、誰でも見ることができできるし、誰でもアクセスできます。クラウド上でほとんどがオープンソースです。ですから、しっかりした教育プログラムさえ組めば、今17、18歳の子どもたちは、その世代ではトップレベルになり得ます。

鶴保　ドローンでも「うちがスポンサーになってもいいですよ」と隣の大陸の会社が言ってきたりしています。その代わり、飛ばした実績データを要求されます。

冨山　彼らはデータを取るために飛ばすのです。データを取らないと利益が出ませんからね。そういった競争になっていることは事実でしょう。

鶴保　データを集めるところではなく、どう料理するかという分野で人を集めることができれば、日本は大丈夫かと思います。

冨山　おっしゃる通りです。皆さん勘違いしているところがあるのですが、データ自体は無価値なのです。ＡＩもアルゴリズム自体は世界の天才たちが開発競争しているのですが、これもオープンソースになっているから、誰でもタダで使える。ライブラリーがたくさんできていて、私たちでもちょっとしたソフトを用意すれば使えます。

そうなると、問題は利用する側の能力です。ここが本当の競争になっているのです。アメリカの最先端のＡＩ技術には追いつけないなどと言われていますが、そういった心配をする必要はなく、それは世界の天才たちにやっていてもらえばいいのです。ローカルな産業は、むしろ使う側の産業が多いですから。実際に経済を豊かにしようと思ったら、データを使うための人材を育成して、厚みをつくることが重要だと思います。

知識共有の次は全員の実行力で

鶴保　本日はいいお話をたくさん伺えました。今回の対談をまとめると、まず人材教育については一番大きなものになるということ。人材教育をどこでするかにもよりますが、統計局の付属にするのか大学でするのかは別にして、進めていくべきだということ。それから、科学技術の実装化について、和歌山県のような地域だからこそできることを実現までこぎつけられるように、これは私自身ががんばらなければいけない課題だということ。

以前、ＳＢＩＲ（中小企業技術革新制度：中小企業者等の新事業活動の促進を図るために、研究開発とその事業化を補助金・委託費などで支援する制度。１９９９年2月施行）を日本でも実施したいという話をしたことがあるのですが、民泊なども含め、地方自治体がもう少し汗をかいてイベントなどを開催していく必要があるのではないでしょうか。また、冨山さんが本業として取り組んでいらっしゃる分野も含め、広域での受け入れ態勢を整備して、皆さんで人材教育の協力をしていただきたい、ということ。そしてやはり、ぜひ和歌山県で世界ウチナーンチュ大会のようなものをやりたいですね。

冨山さんは経験も豊富ですし、膨大な知識を持っていらっしゃるので、常々、和歌山にお招きしてその知見をご披露していただきたいと考えていました。今日は、そのごく一端ですが共有させていただきました。

伺った知識を元に料理していくのは我々ですから、我が和歌山が全員でしっかりと取り組んでいこうと思っています。
カナダの学者の言葉に「人類は、宇宙船地球号の乗客ではない。全員が乗組員だ」というのがあるそうです。まさに、和歌山に住んでいる人たちは皆、この想いでやっていこうと思っています。今後ともご指導よろしくお願いいたします。

冨山　こちらこそ、ありがとうございました。日本の経済、社会が曲がり角を迎えている中で、世界でも同様ですが、ネットなどのサイバー空間が非常にグローバルになっていく。しかし、人間は本来地上戦で戦う生き物であり、生身の存在です。
一方で、グローバルな力が働くということは、生身の人間が、その生身の人間の空間でどう生きているかが、より重要になっていくと思うのです。

地方と言われているエリアが、人が幸せになっていくベースとなる場所になればいいですし、ビジネスにおいても政治においても、そこに関わっている人々が幸せになるために、我が郷土である和歌山を、そこに住まう人間が豊かになるロールモデルにしていけたら、それは素晴らしいことです。さらに、我々の子どもや孫の時代にまで残せたなら、もっと素晴らしい遺産になるのではないかと思います。

今回、様々な形で和歌山に関わらせていただく機会を得ました。これは私自身の父祖の地ですから、次の世代にどのように残していくかが問われますので、全力でがんばります。こちらこそ引き続き、よろしくお願いいたします。

スペシャル対談2

鶴保庸介×高良倉吉

沖縄県副知事として政策に取り組んでいた高良倉吉氏と、沖縄担当大臣を務めていた鶴保庸介。今もなお様々な問題に追われる沖縄の今後について、探ります。

「『世界の中の沖縄』を築いていくべき」

「政府と連携して、階段をのぼるように進めなければ」

【対談者紹介】

高良倉吉(たから・くらよし)

1947年沖縄伊是名島生まれ。琉球政府立首里高等学校、愛知教育大学教育学部卒業後、京都大学文学部国史学研究室で学び文学博士。沖縄史料編集所、沖縄県立博物館、浦添市立図書館館長を経て1994年琉球大学法文学部教授(専攻・琉球史)。2013年に3月に定年退職し同年4月から2014年12月まで沖縄県副知事を務めた。現在、琉球大学名誉教授。首里城復元委員、NHK大河ドラマ「琉球の風」監修者も務めた。

著書は『沖縄問題』(編著、中公新書『琉球の時代』(筑摩書房)、『琉球王国』(岩波新書)、『琉球王国の構造』(吉川弘文館)、『琉球王国史の課題』(ひるぎ社)など多数。

「十五の春」をなんとか解消したい

高良　今回はお招きいただき、ありがとうございます。

鶴保　こうしてわざわざ高良さんにお越しいただけることになり、こちらこそ大変感謝しております。

私が大臣時代（内閣府特命担当大臣　沖縄及び北方対策担当）に、沖縄県での仲井真県政時代の副知事を務められていた高良さんには、本当にお世話になりました。個人的にも沖縄県民の感情を、赤裸々に教えていただきました。

沖縄県民には、「日本政府には、アメリカ政府にしっかりとものを言ってほしい」という忸怩たる思いがあることを、私たちは率直に受け止めなくてはいけないと思っています。

嘉手納基地の騒音問題や、１m離れただけでも会話ができない状況の中で暮らしている方々のことを思えば、本土に住む我々は、現状をよく知って、政府は何をすべきなのか、日本人として何をすべきなのかを、オールジャパンで考えなければならないと痛感しました。

そのことに気づかせていただいた高良さんには、大変感謝しています。

高良　こちらこそ、ありがとうございます。対談にあたって、簡単に自己紹介をさせていただきますね。私の生まれは、伊是名（いぜな）という小さな離島です。小学1年生までそこで育ちました。父親は気象台の職員。赴任地が那覇から360㎞離れた、台風観測の最前線、太平洋にぽつんと浮かぶ南大東島（沖縄県）で、そこで中学を卒業するまでの8年間を過ごしました。

島には高校がないので、「十五の春」（高校進学のために15歳の春に島を出て家族と離れなければならない島の実情）で、那覇にやってきました。

南大東島と北大東島という二つの離島は、1900（明治33）年まで無人島でした。沖縄県民もほとんど知らないことなのですが、そこに上陸して開拓したのは、沖縄県民ではなく東京都の八丈島の人たちだったのです。彼らは苦労してこの島の歴史を切り開き、サトウキビを中心に生活できるようにし、やがて沖縄から人が労働者として移り住んできました。ですから、本土の文化と沖縄の文化が混ざったような感じなのです。

鶴保　南大東島には港らしい港はなく、漁港の大工事をしていましたね。漁船をクレーンで上げて、海へ漁に出ていたという記憶があります。

高良　漁港はほぼ完成しつつあります。南大東島と北大東島それぞれにつくっています。断崖絶壁の島で船が接岸できないため、クレーンを使うのです。人もゴンドラに乗り、吊り上げられて島や船に乗り降りします。そこは普通の沖縄ではないような、沖縄にとっては、ニューフロンティアのようなところなのです。

鶴保　村民の方たちは「海に入ったことがない」と言っていました。

高良　私はそこで泳いでいたのですよ。とても鍛えられました。海が深いので、少し泳ぐと底が見えなくなる荒々しい海です。

私にとって沖縄というのは、自分の中に最初からあるものではなく、勉強して身につけるものだという習慣が、南大東島での暮らしでつくられたように思います。気がついたときには、沖縄の歴史を勉強していました。

鶴保 伊是名島というのは歴史の深いところで、琉球王国の第二尚氏王統の初代国王生誕の地でもありました。

高良 伊是名島は私を産んでくれた母、南大東島は育ての母です。精神形成で大きな影響を与えてくれたのは、南大東島です。私には二つのふるさとがあるのです。

鶴保 島に高校がないために、離島の子どもたちは中学を卒業すると本土へ移ることになります。離島では仕事も見つからないので、子どもの卒業と同時に一家で移ることもあるようです。

15歳まで島で暮らし、中学校卒業式の日になると、皆が肩を組んで泣き合う。これはどこの島でも風物詩のように見られるそうですが、南大東島もそうでしたか？

高良　典型的でしたね。「十五の春」という言葉が流行ったきっかけの映画は、実は南大東島が舞台なのです。「旅立ちの島唄～十五の春～」という映画です。

主人公は小学生の頃から沖縄の三線（さんしん）という楽器を弾いてバンドを組んでいる。南大東島は、ヨーロッパの言葉で「ボロジノアイランド」と呼ばれていることから、バンド名は〝ボロジノ娘〟です。

ボロジノ娘たちは中学卒業の春、両親や村民を招いてステージで南大東島の島唄を唄い、お互いに別れを確認し合う。そんなストーリーです。お父さん役を小林薫さん、お母さん役を大竹しのぶさんが演じていました。

鶴保　私が大臣のときに「十五の春は別れの悲しみの象徴だ」という話をよく耳にしていました。そこで、人生には選択肢があったほうがいいと思い、二つのことをしました。

一つは、家族全員で本土に行かなくてもいいように、那覇市内に子どもの生活をしっかりみてもらえる寮を拡充したこと。

もう一つは、ＩＣＴ（情報通信技術）を使った授業です。「県立高校の授業を、離島でも同じように受けられるようにしよう」と、取り組みました。種は蒔いたのですが、今どうなっているのか、気になっているところです。

高良　沖縄は約50の離島でできていて、東西南北の一番端を直線で結ぶと、東西1000㎞、南北400㎞と、とても広い県です。そこに離島が散らばっているため、小さな離島には高校がありません。

そうなると、結局は島で育ち島の未来の担い手になるはずの人が、15歳で島を出ていかざるを得ないのが実情です。島に産業があれば戻ってくるのですが、かなわないことが多いのです。

基地問題まっただ中、副知事に

高良　私は本土の大学を出た後に、沖縄に戻って沖縄県教育委員会の職員になりました。あるとき浦添市のおもしろい市長から、「県を辞めて浦添市に来てくれないか」と請われたので、浦添に移って図書館の館長を6年間務めました。

その後、「若い人にしっかりした琉球史を教えてくれ」と以前から依頼されていたこともあって、琉球大学で19年間教鞭をとりました。そして、いよいよ定年退職というとき、「定年を迎えたら、副知事になって県政を手伝ってくれないか」と声がかかりました。
実は以前から仲井真知事からずっと言われてはいたのですが、「学生を放って行くことはできない」とお断りしていたのです。そこで、1週間返事を待ってもらい、毎晩酒を飲みながらよくよく考えて、引き受けることにしたのです。

鶴保　そのことは仲井真知事の著書にも書いてありましたね。「日参して高良さんを口説いた。彼は沖縄の至宝である。彼のような人材を埋もれさせてはいけない」と。後々知事になることを期待していたようですね。本にはそう書いてありましたよ（笑）。

高良　いえいえ（笑）。副知事を引き受けたのは、例の危険な普天間飛行場を辺野古に移設させるという、日米合意の事業が進もうとしていた時期でした。
逆風の中で県政を運営することになるので、県職員と一緒に仲井真知事の体制、仕事をできるだけサポートしよう。仲井真県政が立ち続け、歩き続けられるために、みんなでバックアップしよう。そんな気持ちで取り組みました。いざ関わってみたら、案の定、凄まじい状況でした。

それから、仲井真知事は3期を目指すのですが、結局破れて翁長県政になりました。仲井真県政時代とはまったく違う県政です。ですから鶴保先生という方が沖縄担当大臣になられたと聞いたとき、この方は相当な苦労をされるだろうと、遠くから眺めていました。実際のところ、いかがでしたか？（笑）

鶴保　翁長さんは、最初は怖い印象でしたが、本当は様々な問題について、しっかり分かっていると思いました。「沖縄のことだけをしっかりやってくれたらいいよ」という空気を、県民を代表して言っている。政治的な考え方はかなり違いますが、翁長さん個人を敵対視することは終始ありませんでした。

高良　沖縄担当大臣だったとき、基地問題は別の方が取り組まれていましたね。

鶴保　そうなのです。沖縄を担当するということは、門外漢の私では到底務まらないであろうと思いました。また、高良さんがおっしゃったように、難しい時期でしたから、政治的にはそれなりにキャリアは積んでいたつもりでしたが、人生の経験においては、私では物足りないのではないかと思うところがありました。

若泉敬先生の志を受け継いで沖縄へ

鶴保　私を政治家へと後押ししたのは、若泉敬先生の想いです。私が初出馬する前に、先生は「私の志を継げ」と言い残して亡くなったと聞きました。そういったご縁があったものですから、「私は沖縄に対して、誰よりも貢献しなければならない」という想いを持っていました。

高良　そうですか、若泉先生の志を内に秘めていらっしゃったのですか。

鶴保　高良さんにお話しするのは初めてかもしれませんが、若泉先生は、私が国会議員を志すきっかけになった方なのです（第1章参照）。

若泉先生の著書にも書かれていますが、沖縄問題に対して、思う通りの働きをすることができず、県民に申し訳ないことをしたという想いをずっと持たれていたようです。
ステージ4の癌に苦しんでいたにも関わらず、6月の慰霊祭の前に沖縄に入り、慰霊祭当日に自殺を図ったのです。沖縄で死にたいと。さすがに弟子の連中が、そうはいかないと本土に返します。
その後福井県の自宅に帰って、著書の英訳本をようやく書き終えたとき、まわりの人たちに、「もうこれでいいですか？ 私は2階に上がります」と告げてひとりになり、そこでお亡くなりになったという話です。

高良　なるほど……、そんなことがあったのですね。

鶴保　警察発表では、病死となっています。でも、まわりの人たちは、あの程度で絶対に死ぬわけがないと言っていました。本当のところどうなのか、私には分かりません。
ただ、亡くなる前に「この本ができたら、いろいろな人が訪れてくるかもしれない。目をかけた若者が何人かいるから、そのときはぜひ志を継いでほしいと伝えてくれ」という言葉を残したという話です。

それを聞いて、私は選挙に出たのです。あの頃、若泉先生と出会っていなかったなら、若泉先生がこの本を出していなかったら、そして沖縄に対する想いがなかったら、きっと今の私はありません。そう考えると、沖縄担当大臣の役は、私にとって天職だったのかなと思います。

高良　そうでしたか。そこまで深い想いを持って大臣をされていたのですね。若泉さんはずっと悩み続けていらっしゃったみたいですね。おひとりで、かなり沖縄に顔を出し、情報収集されていたと聞いています。

沖縄県民の生活をどう上げるか

高良　鶴保先生が大臣になられたときは、まさに県政や環境がガラッと変わり、しかも前の仲井真知事が辺野古移設と埋め立てを承認したという激しい時代でした。

政治では、基地問題だけが取り上げられていました。沖縄県庁も裁判闘争のような状態になってしまって、沖縄振興をどうするかという施策は、とても進められないような状況でした。地元メディアでさえ、基地問題ばかりを報道していましたしね。

沖縄の県民生活の実情をどのように把握し、どのように将来につなげていくのかという議論が丁寧にできる時期ではなかったのだと思います。

その時期に鶴保先生は大臣の仕事を引き受けられたわけですから、「これは基地問題が圧倒的にアジェンダ（実施すべき計画、議題）になり、沖縄振興そのものについての作業が滞ってしまう。それをどう進めていかれるのか、苦労されるのではないか……」という目で見ていました。

当時、統計的には県民生活は若干向上していたのです。観光客は増え、失業率は下がり始め、有効求人倍率も改善され、全体としてはいい流れに乗ってきていました。ただ、県民の生活を、さらにどうバックアップして向上させていくか、その課題に取り組まれるお役目だったわけですよね。

鶴保　おっしゃる通りです。右肩上がりになりつつある状況だったからこそ、各家庭の経済格差や、子どもの貧困問題に着手しようと思ったのです。これは前任の島尻大臣が取り組んでいたことでもあります。その政策一点だけを継続して行いたかったため、島尻さんに補佐官になってもらいました。

そうしたら、地元の人に「島尻を助けるためだ」「官邸に言われたからだ」などと言われ、今でも批判を浴びています（苦笑）。でも、島尻さんはよく動いてくれました。

いまや貧困の格差は、本土の人が知らないくらいになってきています。離婚率がもっとも高い県であることや、シングルマザーが一番多い県であるということを、私たちの世代の人なら誰でも知っていますが、実は若い人たちは知らないのです。これはまずいだろうと思い、徹底的に取り組むことに決めました。

高良　子どもの貧困問題は、基地問題の影に隠れてしまっていますが、本来は深刻です。国と県、市町村が総力をあげて解決しなくてはならない問題なのですが、なかなか……。

実は沖縄県内に、県の高校生に給付金型の奨学金を出す公益財団法人があり、私はその選考委員をしています。申請してくる高校生たちのデータを見ていると、家庭の事情は惨憺たるものです。

母子家庭や父子家庭、苦しい生活状況など、暮らしぶりが読み取れるデータなのですが、それでも向上心は旺盛なのです。大学の進学率は全国最下位、専門学校に進むケースが多いようです。専門学校は奨学金の対象にならなかったのですが、ここにきて政府は人材育成の観点から、奨学金制度を全面的に見直そうとしています。その一環として、沖縄県では専門学校も視野に入れる取り組みが始まっています。

大学に行きたいという希望を持っていたり、専門学校で専門的な知識を身につけたいと思っていても、家庭の事情でできない子どもたちが多いのです。これが、貧困の連鎖を生んでいます。貧困問題と離島問題によって、沖縄の若者たちがいい条件で勉学できる環境が、まだ与えられていないということでしょう。

鶴保　沖縄の流行歌に、「母子家庭のわが家では、僕らが寝ている夜明けの頃に、母が働きに出て、私たちを育ててくれました」といったストーリーの歌が山ほどあるくらい、沖縄では当たり前のことですね。

私がカラオケで「これが沖縄だよ、典型的な沖縄だよ」なんてことを言いながらその類の歌を歌うと、皆怪訝そうな顔をするのです。本土では母子家庭は少数派ですから。

沖縄の生活状況は、まさに地方の日常を如実に表しています。仕事もなく、これからどうしていいか分からない。希望を失いかけている地方をどう救っていくのか。振興担当大臣として、ここで沖縄の問題に着手して成功事例をつくることができれば、全国の同じような状況にある方たちに、勇気を伝えられます。

それには、沖縄がこれから10年先、20年先も盛り上がっていく、人的で社会的な教育環境のインフラを整えていくことが、一番の打開策になるでしょう。

高良　母子家庭問題は、実は沖縄が解決を迫られている、もっとも大きな問題です。でも一朝一夕には解決できません。県内の失業率が下がって改善している部分もありますが、雇用の質の問題もあり、一つの働き先だけではなかなか生活できない。夜もスナックに働きに行くお母さんが多いですね。

鶴保　余談ですが、安室奈美恵さんが若い頃、この道を通ってアクターズスクールに歌を習いに行っていた、という道を教えてもらったことがあります。自宅からアクターズスクールまでの距離を、バスに乗らずに歌を歌いながら歩いて通っていたというエピソードは、近所の人たちなら皆知っているそうですね。
「歌のうまい女の子がここを通っていたよ、それが安室奈美恵だよ」と、伝説になるくらいの話です。でもこれは彼女ひとりだけの話ではなく、多くの家庭に当てはまることだったのです。

沖縄の産業構造をどう変えるか

高良　沖縄県は基本的に、サービス型経済で成り立っている島です。このサービス型の経済というのは、給料が低いわけです。

鶴保　この状況をどう変えていくかですね。サービス中心のところに製造業を育てていくというのは、構造的に難しいものがあります。どの先進国でも、経済が成熟していくと二次産業から三次産業へと重点が移っていきますから、流れが逆になるわけです。

ところで、私が全国的に着手しなければならない仕事が科学技術だったので、科学技術を使ってイノベーションを沖縄で起こせるように、教育インフラや人的インフラをつくっていけばいいのではないかと、当時、思っていました。

もちろん、観光などのサービス産業で、観光客にしっかりお金を落としてもらうことも引き続き取り組みつつです。高良さんはどう思われますか?

高良　沖縄に製造業を導入して経済に力をつけたい、と計画していた時期がありました。サービスや科学技術やＩＴにも着手したり、一時期は金融特区をつくったりもしました。様々なチャレンジをしてきて実感しますが、製造業ではない人材育成を進めながら、新たな分野、多様な形で政策を展開していくことが必要だろうと思います。

鶴保　調べてみたところ、沖縄は地理的環境がとてもいいのです。アメリカのインターネットの基地はグアムの軍を中心に広がりました。以前は本土の西海岸にあったのですが、現在は、ハワイやグアムに全世界のインターネットが集まっているのです。

日本でインターネット環境がもっともいいところは沖縄です。そこで、新たな産業が集積できないかと、当時強く感じていました。

ＩＣＴの授業を、沖縄で実証実験することも意味があることですし、現にＩＴ企業が沖縄に集まりつつあります。今後、さらにＩＴ関連企業が参入しやすい環境をつくっていかなくてはいけない。

高良　太平洋諸国は、沖縄と似た課題を抱えています。沖縄で実績をあげて、一つの成功モデルをつくることができれば、国内外に活かせます。

政府が整備した宮古島の地下ダムは、太平洋の方たちが訪れて感動していました。

鶴保　宮古島では水が安定しないため、地下にダムを設置して地下水の段階で水をせき止め、島全体の農水用として汲みあげ、利用していますね。雨が降っても、小さい島では溜めるところがない。それなら地下に溜めておこうという発想で、農村が振興しました。

高良　宮古島は、昔から干ばつで苦労してきました。でも、地下ダムができたことで、何百、何千という課題が解決しました。その水を使ってハウスをつくり、現在では農業の先進地域にまで成長しています。

沖縄県産のマンゴーの中では、宮古島のものが一番高価です。オクラも栽培できるし、ゴーヤは夏場の野菜として有名ですが、宮古島では冬場でも生産できて、品種改良もしました。どんどんインフラが整ってきています。

沖縄県内のみならず、日本がこれから世界に重要な役割を果たしていくために、沖縄で培った知恵を、太平洋諸国と連携して広めていくことも大切です。

鶴保　その通りですね。新たな施策を重ねて、様々な土地に活かしていきたいものです。

産業と交通のインフラ整備が急務

高良　1975年に沖縄で国際博覧会が開催され、会場はその後、国営公園になりました。熱帯ドリームセンターなどができた分、観光施設だと思われていますが、実は優秀な植物学者がいて、世界の様々な種を保存し研究を重ね、大きな実績をあげています。現在は名護市と連携して、新しい沖縄野菜の工場をつくっているところです。

この工場は、つい最近グランドオープンしたアグリパークにあります。奥のほうにはレストランもあるので、沖縄で採れた野菜を食べられます。野菜のしゃぶしゃぶも食べられますよ。

イベントで使用された場所を放っておかずに、公園として維持しながら、人材もきちんと確保して次の事業へと動かす。そういったことが、ビジネスモデルとして提供できるところまで進んでいます。その積み上げが大切なのです。

鶴保　沖縄は観光ばかりがクローズアップされがちですが、地に足のついた事業にも力を入れたいところです。それも第一次産業にとどまらず、どんな土地でもできて、グローバル化にも対応できるくらい先進的なものであれば、なおいいですね。

浸透圧がかかるホースを活用した農耕栽培は、イスラエルの会社が世界に大きく展開しています。沖縄のほうが取り組みは早かったのですが、イスラエルは世界中に農地を持っている分、世界シェアを占めているわけです。

高良　もう少し総合的かつ体系的に推進するために、沖縄担当大臣を中心に、行政、県、市町村、民間が連携して、全体のまとまりがとれたらいいですね。

鶴保　県との連携といえば、つらいことがありました。今も続いている渋滞対策のことです。沖縄県民なら絶対に納得してもらえることをお話ししますが、渋滞対策に一番必要なのは、鉄路なのです。

本土の感覚からすると、地下鉄や高架鉄道を引くことはなかなかできない。それなら、モノレールをもっと効率化できないかと相当動いたのです。モノレールについては公社が生命線になっているからです。

発車間隔をもっと縮めて山手線並みにすることや、車両自体を増やすなど、輸送人数を増やすべきだと言ったのですが、「それはそうですね、やりますよ」というところで止まったまま。なぜなのか聞いてみると、まことしやかに言われることは、「あそこの公社は県が管理しているから」という回答でした。

もう少しスピードアップしなければ、すべての計画に影響してしまうと思うのですが、どう思われますか？

高良　モノレールを強化拡充するのは重要なことです。交通問題については、以前から議論されています。ただ、毎回噴出するのは、我々のアイデア通りに取り組もうとすると、基地問題が立ちはだかるということです。土地の利用上できないという話になってしまうのです。

モノレールは、県が中心になって関わるのですが、徹底的に取り組めていない、中途半端な状態にありますね。

鶴保　今度、車両を増やすという話を聞きましたけど。

高良　実は開業してからずっと赤字でした。新しく設備投資するお金がないので、なんとか現状維持して、赤字分を返済してから新しいことに着手しようという雰囲気でした。

鶴保　政府が「ここに地下鉄を引きますよ」と下手に言ったら、すべての計画はつんのめるわけですから、必死に調べさせました。B／C（ビーバイシー）（費用対効果）が1を超えていないと動けないのですが、0・5を切っている状態です。0・3や、なかには0・2というものもありました。

埒が明かないので、ではモノレールと高速船にしようということになった。高速船のアイデアは高良さんの発案だったそうですね。高速船は、第一交通産業グループさんが運営することになったようです。

高良　北部地域と那覇を中心とした拠点地域の運行を、もう少しスムーズにする必要があります。海洋博が終わった後に、エクスポポートをつなぐ高速艇を運航させたことがあります。たしか新潟と佐渡ヶ島を結ぶジェットフォイルの中古品を買ってきていました。

ところが、結局1年を通じた稼動率が相当低くて、なかなか安定しませんでした。総合的ではなく場当たり的に取り組んでいる印象がありました。

沖縄の観光は業界連携で取り組む

鶴保　行政の立場を経験されている高良さんから見て、沖縄の観光にはどのような見解をお持ちですか？

沖縄の観光はものすごく調子がいいですが、これから先、どのようなことが必要と感じますか。

高良　率直に言えば、少々手詰まりになっているのではないかと思っています。まず人材ですね。これだけ観光客が増えていても、給与が上がっていないし、ホテルのシーツ交換をする清掃業務は人手不足になっています。

次々と新しいホテルが進出して、様々な計画が立てられているようですが、そもそも人材を確保できるのか、まだ不透明ですね。このままでは、サービスの質を落としてしまう可能性もあります。

鶴保　沖縄では、観光業でシーツ交換のような業務をするのはあまり好まれないという話を聞いたことがありますが、そのあたりはどうですか？　変わってきましたか？

高良　専門学校で観光課コースを選んだ若者たちに、かなりの数の募集がきています。実際にこれだけ観光客が多くなってくると、全体も回り始めます。

ただ問題は、人材を確保してほぼ満足できる給与にして、観光を発展させる総合的な体制づくりを考えなければならないということです。でなければ、ヒズミが出てきます。

つまり、観光を担当している行政部門などだけで取り組むのではなく、もっと総合的に考えていく必要があります。

ほかに着手すべきことは、事業を推進する組織体制です。現在は行政と民間がバラバラに行っているので、連携したほうがいいでしょう。外資系の企業も含めて、沖縄の観光業に従事している事業者たちがどのような構想を持っているのか、徹底的にヒアリングすべきです。

観光には戦略が必要になる

鶴保　沖縄にコンベンションビューローがありますが、どういった組織なのですか？

高良　基本的には、誘致活動やＰＲ活動を行う組織です。県がつくった組織で、メンバーに観光関係の事業者が入っているという状態です。

鶴保　何のために設立したのですか？　観光協会で役割は果たせないのでしょうか。

高良　誘致活動を徹底して新しい仕掛けができる組織を目指して設立されたのです。実は私も少し関わっており、基本構想を練る段階で参加していました。

　メキシコのアカプルコや、アメリカのロサンゼルス、サンフランシスコ、ハワイにもありますが、コンベンションセンターの最大の課題は、誘致活動ができる強力な組織を持ち、建物の稼動率を高められることなのです。

鶴保　誘致営業部隊としてのコンベンションビューローということですか？

高良　はい。そのような目的で設立されるアメリカ型のビューローを期待していたのですが、観光宣伝が少しバージョンアップしたレベルのものになってしまいました。仲井真知事時代に予算がつき、様々な活動をしています。

沖縄県民も知らないと思いますが、まさに今、ロンドンの地下鉄駅に30カ所近く、沖縄観光協会のポスターが貼られています。パブリシティをしっかり行い、誘致活動にも力を入れています。

ただ、私が指摘したのは、沖縄振興策を総合的に推進する統合本部のようなものが必要だということです。

鶴保　それは、日本全体に言えることですね。観光庁の立ち上げに関わっていたので実感しますが、観光庁はこれからは戦略担当になっていかなければいけない。観光政策の統計を取っている場合ではないのです。

全体的な戦略をどうするか。どの国から何人に足を運んでもらうのか。どことどこの地域を結びつけるのか。そういうことをしていこうと一生懸命話すのですが、残念ながら今の観光庁のマンパワーでは、そこまで手が回らないのです。観光庁ですらそうですから、沖縄はもっと悪い状況にあるのではないかと思います。

高良　おっしゃる通り、ある特定のセクションだけで観光対策を進めるのではなく、総合プロデュースが必要です。日本を理解してもらうためにも、観光は有効です。

個人的には、中国人に実際の日本という国を見て、触れてもらいたいのです。多少摩擦が生じてもいい。中国人に日本を理解してもらうことは大切です。おそらく中国のメディアでは、報道してくれませんから。

副知事時代に、3年間にわたって県民意識調査の統計を取ったのですが、日本の全国平均よりもはるかに、「今の中国が嫌い」という結果が出ました。特徴的なのは「台湾が大好き」ということです。

それから意外なのですが、あれだけ事件・事故を起こしているのに、アメリカに対する印象は悪くなかったのです。ただ、基地問題や事件事故を起こしたら許さないという考えです。

鶴保　「許さないぞ」という思いは、アメリカだけでなく日本政府に対してもでしょうね。

高良　半分強くらいがそう思うと回答しています。「沖縄に一方的にシワ寄せがきていると思う、改善してほしい、現状に不満だ」と。今後改善していくことを願っています。

沖縄と海外を何でつないでいくか

鶴保　大臣時代に大成功した政策があります。それがLCC（ローコストキャリア・低価格の運賃で運行する航空会社）の実現です。ピーチ航空が、台北と那覇を結んでくれました。先日ピーチ航空の方に訪れていただき、喜んでいました。

高良　台湾と沖縄との関係は、LCCのおかげで格段によくなりました。台湾の若者たちは那覇に買い物にくるようになりました。台湾の人たちによれば、現地のリゾートホテルに滞在するよりも、ＬＣＣで沖縄に来てこちらのリゾートホテルに泊まったほうが安くなるとのことです。

鶴保　地図を見たら分かりますが、沖縄からだと鹿児島より台北のほうが近いですからね。私が印象的だったのは、沖縄に着くクルーズ船から、大勢の人が自転車で下りてきたことです。それも短パンと半袖姿で。彼らの自転車は、日本でも有名な台湾製のジャイアントで、それを気軽に持ち込んで沖縄を1周するのです。

沖縄の人で自転車に乗る人はほとんどいませんが、台湾人観光客が自転車に乗るケースがどんどん増えてきたので、自転車関連の整備なども進めようとしています。

高良　阿嘉島などの小さな島には、台湾のカップルも多いようです。台湾の人たちは、穴場をすぐに探し出します。船の欠航というリスクが多少あってもいい、４泊が7泊になってもいいくらいのゆとりがあるのです。地元の人たちに人気の飲食店も見つけてくるんです。ついにここまでバレたかという気持ちになります（笑）。

副知事時代に、北京で現地の旅行代理店の人たちと会食しながら意見交換をしたことがあります。30代の彼ら曰く、大きなツアーではなくて、ファミリーやカップルで行ける沖縄の穴場を、出張時に調査しているとのこと。その中に阿嘉島も入っているのです。北京にまでバレているのかと驚きました。そういう時代なんです。数ある沖縄の魅力を組み合わせて、若い人たちのニーズに応えるサービスが始まっているのです。

鶴保　トリップアドバイザー（旅行に関する口コミ中心のウェブサイト、アプリ）には、「東京の一番人気は渋谷のスクランブル交差点」と書かれています。トリップアドバイザーが、観光客たちの本音を伝えているのでしょうね。

高良　大型クルーズ船がやってきたり、那覇空港が賑わって、たくさんの人が沖縄に訪れるようになりました。ただ、その状況を細やかにリサーチすることが大切です。総括して活用しなければいけない。そのためには、観光のシンクタンク機能を持つ組織体制が必要になります。

鶴保　それは沖縄だけのことではありませんね。体験型の観光が大切だというのは、私もまったく同感です。海外の方にとっては、日本に行って、見た、知ったというだけではつまらないのです。「何かをした」「滅多にできない体験ができた」「異国の文字で写経というものをした」というのがウケているのです。

では、沖縄の魅力的な体験とは何なのか。先ほどの自転車の話のように、沖縄に来て何かを体験してもらうことを、徐々に広げていきたいですね。食べてショッピングしてということも含めた総合体験ができるのが一番ですね。

そう考えると国際通りなどはいいのですが、地方へ行くと極端になくなってしまいます。地方と言えば、ヤギ汁がありますが……。

高良　ヤギ汁は食堂で食べるのではなくて、家庭に招かれて食べるのがいいですね。定番メニューではありませんから。表面を焼いて刺し身風にする、あとは汁にして食べるんです。宮古島のヤギ汁はとてもおいしいです。自家製の味噌で味つけするんです。

数年前にタクラマカン砂漠に旅をしました。そこでは朝から晩まで羊かヤギです。スパイシーでした。僕のように沖縄でヤギを食べている人は、国際社会に通用するのです（笑）。

沖縄の農業関係の研究所では、臭いのないヤギの研究をしています。しゃぶしゃぶ風にしたり、ＢＢＱ風にしたりして、ヤギの臭いが嫌いな人たちに、まずは臭いのしないヤギを食べてもらって、徐々に本格的なものに誘導していくことを考えているそうです。

食を究めて沖縄をアピールする

鶴保　食とはおもしろいもので、芋焼酎や泡盛もそうだったように、臭いと言われていた時期がありました。その臭いを抑える研究もあって本来のよさが出てくると、広がっていくのですね。

高良　昔は強烈な臭いでした。国税庁に化学を学んできた鑑定官がいて、彼が沖縄で泡盛の不純物を除去する研究をした結果、泡盛の美しい匂いを残しながら飲みやすいものに改良されたのです。

鶴保　昔から泡盛を飲んでいた高良さんからすると、「こんなの泡盛じゃないよ」と感じるのではないですか？

高良　ヤギじゃありませんが、懐かしい臭いがいいんですよ。石垣島でつくっているお酒で、昔風の「白百合」というお酒がありますが、なかなか手に入りません。通向けのお酒です。でも、白百合の社長を息子さんが引き継いだら、味が変わったんです。どうも新社長が工場を全部洗浄したらしいのです。そうしたら泡盛の菌もなくなり、普通の味になってしまいました。僕は不満なんですがね。

鶴保　復刻版をつくってもよさそうですね。たとえば、芋焼酎でも昔の「さつま白波」の人気が復活しているのです。「臭いほうが昔ながらでいい」という人が増えてきています。

泡盛も振興のために力を入れています。最近では「ゴーヤカチャーシー」という泡盛のカクテルができていました。ご存じですか？

高良　知らないですね。泡盛の出荷量はどんどん下がっていますよね。

鶴保　そうなのです。その深刻な状況の中でずっと支えているのが、酒税軽減特例措置です。年度ごとに改定しているので、毎年改定時期になると、酒税組合の方が「延長をお願いします」とやってきます。この状況はやはりよくない。

2%、3%の特例措置ごときに、苦労しなくてはいけないという状況などつくらずに、もっと世界に目を向けたらいいと思うのです。

一例を挙げると、和歌山県には梅酒があります。この梅酒が海外ではまったく売れていなかったのですが、実は今、イタリアで好評なのです。もしかしたら今後もっと化けるかもしれません。

「食」のミラノ博覧会に出展していたコーヒーメーカーのある担当者は、世界のトップレベルの人らしいのですが、和歌山の梅酒を絶賛していたそうです。その理由は、スピリッツ（蒸留酒）の中では、ソーダで割ってよし、水で割ってよし、ロックで飲んでよしと、無限に可能性が広がるからということでした。そこまでいろいろな飲み方ができるお酒は、世界にそれほどないそうです。これは泡盛にも言えることですよね。

高良　可能性はありますね。

鶴保　そういうものを、「臭いから」ではなく、「臭いからこそ」魅力がある酒なんだということを前面に押し出せば、活路が開けると思います。

高良　沖縄県内に酒蔵は46社くらいあります。沖縄が日本に復帰したときからずっと統合しようという議論はなされてきましたが、なかなかまとまらない。

小さな離島にも、ポツポツと酒蔵はあるのですが、もはや産業として成り立っていませんから、いつまでも続くとは思えません。先ほどの観光と同じように、和歌山県のお話を参考にしながら、できることをやるだけですね。

鶴保　和歌山の梅酒の人気は、物凄いですよ。世界に出ないともったいないですよね。

高良　そうですね。シンガポールで、見本市などが開催されていますが、まだイベントにとどまっているのです。そこからどこまで広げられるかですね。

今後の沖縄と基地返還はどうなる？

鶴保　最後に一つお話しいただきたいことがあります。

　私は基本的にこう思っています。向こう30年間で、嘉手納以南を順次返していくという口約束に近い日米の約束事がありますね。これは、実現の可能性がそれほど高くなくても、県と国が力を合わせて、最大限の努力を重ねて実現していくべきだと。

　そのことを前提に、様々なロードマップを日本政府は説明し、そのための方策を考えていくことを、辺野古も含めて、約束に入れていくべきだと思うのですが、これは現実的ではないですか？

高良　日米で合意された内容は、「嘉手納から南の基地を、将来的に段階を踏んで返していきましょう」というものでした。2013年のことだったと思います。

事実認識からすれば、日米で合意した沖縄の米軍基地は、長い時間をかけて返還するというのが唯一の合意事項です。したがって、日米両政府がオーソライズした合意で、どう進めていくか。これをきちんとやってもらうことでしょう。嘉手納基地はまだ返還対象に入っていないわけです。これをアメリカとしっかり話し合い、確実に実現していく。できれば前倒ししてほしい。

たとえば、浦添市のキャンプキンザーの倉庫群。倉庫を移すことが前提になっているわけです。県内でこの倉庫の機能を、たとえば読谷村へ移す。米軍が使っている施設を移転する。そうすると、アメリカ軍の基地の整理、一種の合理化になります。その合理化作業を我々が手伝いながら、確実に移転を進める。両政府が責任を持って合意したことは、それしかありませんから。

鶴保　これは一番重要な点で、高良さんの想いが県民の総意になれば走れるのです。政府も県もそのつもりになってきたときに、「じゃあ、やろうじゃないか」と。

嘉手納基地がどこかへ移るとなった場合、行き先を辺野古のように新しくつくったら、基地の固定化につながるという反対の声もあります。様々な問題が出てくるので、県民の総意になっていない気がするのですが。

高良　そうですね。県民が十分に理解していないということだと思います。現在のところ、両政府間でどの程度ディープな合意なのか、判断はできません。ただ、両政府が合意して、対外的に発表をしたことです。普天間基地をハワイに移転させるという話も出ていたので、副知事時代にハワイに出向いて、知事にもお会いしたことがあります。

この問題は複雑な方程式になっていて、国外の状況も含みます。でも、沖縄の基地は確実に減っていく。これは、勝手にどちらかが言ったのではなくて、両政府が合意したものですから、進めていかなくてはいけません。

沖縄としては、20年先か30年先か分かりませんが、政府と連携してしっかり進める。政府にはアメリカと厳しく交渉して、階段をのぼるように作業を進めてもらう。

しかし、私が一番懸念していることは、そのことをしっかり実行に移すことと同時に、返された基地を、どのように跡地利用するかということです。これを並行して同時に進めなければならない。ここをしくじると、将来大変なことになります。

あれだけ米軍が使っていた重要な場所を、ようやく時間をかけて返してもらう。そこにはドラマがたくさんありました。その場所を、将来の沖縄のために、日本全体のために、最大限の効果が発揮できる場所として跡地利用することは、果たさなければなりません。

鶴保　そういう意味でも、意思を継いでいくことは大切です。しかし跡地利用については、積極的な計画を打ち立てるたびに、もともとの住民が反対してきます。

そういう状況をつくってしまったのは、表向きには基地問題があるからとなっていますが、基地の地主さんの扱い方が曖昧だからという背景もあります。ダブルインカムになっていたり、地主会という政治局のようなものがあって、どこまで強いかは私も測りかねています。

本土の人は、「基地を返還してもらって、みんな大喜びでしょ」と思っているでしょう。跡地利用についても意見がどんどん出てくると。でも、実は違うのです。「返してもらって跡地利用をされても困る。どういう計画なの？　まず出してみて」ということです。出された計画を見ると、「こんな計画だったら嫌だよ」という反応になる。このあたりの調整をどうするかですね。

高良　基地は区画が細切れになっていて、地主さんが多くいる分、皆の合意を得るのは大変です。実現のほどは分かりませんが、地主の意向を受ける組織や制度をつくって向き合うという形にするのがいいと思います。

沖縄県民や日本国民だけで考えるのではなく、アジアの知恵、世界の知恵もいっぺんに入れていかなければ解決しないでしょうね。そして、この経験を日本全体の国益に拡大していくのがいいと思います。

私が一番に提案しているのは、基地のファシリティを活用することです。大規模な自然災害が国内でもアジアでも太平洋でも発生している。津波や巨大台風など、災害の種類は様々です。そのときに、大規模な自然災害に対応できる拠点基地を沖縄に置いたらどうかと。その運営は、世界の人たちに関わってもらう。トレーニングもする。備蓄もする。軍事目的ではなくて、生活安全保障の拠点に使うということです。

昨年の5月に、上海でそういった話をしてきました。中国人は理解するのです。沖縄が動くのなら納得だと。地政学的にも沖縄がちょうどいいのです。太平洋諸国も視野に入れられますから。

アジア太平洋地域が大規模自然災害に遭ったとき、即応できる拠点を沖縄につくる。そして、あらゆる災害を観測してデータ化できるシステムを構築していく。そういった役割を、沖縄が担えたらいいと考えています。

鶴保　非常にいいアイデアですね。これは政府の方針としてつくるべきだと思います。日本政府はそういった提案をしてきませんでした。

逆に、政府からの言い訳には、「あれだけ沖縄の人たちから徹底的に叩かれて説明したのに、辺野古の反対しかしないじゃないか」というイライラ感のようなものもありました。机上で、双方不信感を募らせているようなところがあります。

高良　好き嫌いや主義主張、価値観を別にしても、沖縄が政府に信頼関係を持っていないなら、別のお話です。お前は嫌いだけど、この仕事をやるためなら信頼しようというくらいの、クールな形で向き合わないと難しい。

日本の安全保障に関わらず、沖縄県民の暮らしや将来に関わる話ですから。共有すべきことは断固やっていかなければ、基地問題は進まないでしょう。

鶴保　東京にある、米国大使館の主席公使と食事をしたことがあります。初対面の私の顔を見るなり、「沖縄はどうしたらいいのですか」と聞いてこられたのです。私は基地問題担当ではないと伝えたうえで話をしました。

アメリカ人には、まず「お前だったらどうする?」というところがあります。それに即答できなければ付き合えないという感じがしました。

高良　政治的な事情がいろいろあるにせよ、基地問題の難しさは信頼関係にあるので、裁判に訴えると前には進みません。

鶴保　なんとしても信頼を取り戻すべく、がんばります。日本のフロンティアとしての沖縄、地方の縮図としての沖縄というだけではなく、「世界の中の沖縄」を築いていくべきだと感じました。

地方の縮図、フロンティアとしての立ち位置は、和歌山も含め地方都市すべてが、同じような状況になっています。それぞれの地方が動いたうえで、そこで生じた苦労など多くの情報を共有していただけるように協力をお願いしたいと思っています。

また、沖縄問題は非常に複雑に見えていますが、強い信頼関係があって、そのうえに協力し合っていこうという雰囲気さえ醸成できれば、事は早く進むはずです。20年間国会議員を務めてきて、何年もの間解決できなかったことが、数年でスッと動いた経験が何度もありましたから。

まずは、我々がいま過渡期にあるという認識を持つべきです。沖縄の皆さんにも、ぜひ同じ思いを持っていただきたいと思います。

本日は、ありがとうございました。

4章 鶴保庸介の明日《みらい》

これからの日本をどう見るか

これからの日本は、少子高齢化がますます進む一方で、人口は縮小していくでしょう。この流れは止められないので、できる限りの対策を取る必要があります。

「歴史的に見ると、人口が減少して発展した国はない」

と絶望的に見ている人もいます。しかし、これからの世の中が本当のところどうなるのか。それは誰も予測できません。ならば、

「政治は絶対に希望を失ってはならない！」

この考えのもとで物を見ることを忘れずにいたいものです。

人口が減少していくなら、それを補う何かが必要です。大きく分けて、対策は三点あります。

一点めは、人口自体を増やすこと。

これについては、私はあまり現実的ではないと考えています。ともすると、「子どもを産みなさい。産まない人はダメだ」などと言われる世の中ですが、私自身の経験も踏まえて、「子どもを産むことはそう簡単ではないな」と感じます。ただ、子どもを産みやすい環境をつくるということにおいては、できる限りのことはすべきです。

二点めは、人口が減少している中で、成長を模索すること。

三点めは、人口減少を補うために、新たな労働力を加えること。

労働力を補うために、外国人労働力やGNI（国民総所得：日本人や日本の企業が国内外で得た所得の合計）を上げていくことについて議論がなされていますが、私は、二点めの「人口減少下での成長」に力を入れるべきだと考えています。上げ潮だと批判する人もいますが、できることを実行してから批判すべきです。

一つ大切な話をしましょう。

古今東西、イノベーションなくして発展した国は、近代以降ありません。明治以降の日本には、イノベーションを起こしうる方策がありました。終身雇用や高い貯蓄率など、当時よしとされたシステムはたくさんあったのです。

ところが今、世界を引っ張っていける特色ある強みが、日本にあるかと問われれば、その答えはNOです。

今こそ、世界を牽引するほどのイノベーションを起こす仕組みを構築しなければならない。これは声を枯らしてでも言いたいことです。この危機感があまりにもなさすぎることが、この国にとって非常に大きな問題なのです。

イノベーションを起こす仕組みは、どういった形であれ、つくるべきです。国をあげて、人、技術、ベンチャー、ファイナンスを育てていくための取り組みは、今後、さらに重要性を増していくでしょう。

それから国内のどこかの地域で、その社会変革の成功事例を一つ生み出すこと。これも欠かせません。成功事例があれば、賛同を得やすいからです。そのためにも、社会実験の場をぜひ多く設けるべきだと思います。

いきなり大都市では難しいなら、「我こそは！」という地方が出てくることを期待します。同時に、成功事例が生まれやすい仕組み構築も急務です。

「働き方改革」にしても、「カジノ」にしても、「民泊」にしても、すべて取り組むべきです。これくらいの問題を解決できずに、もっと大きな問題を解決することなど、到底できないからです。

ここ10年の間に、1日でも早く、一つでも多くのことを成せるように取り組まなければ、という思いです。

「外国人労働力」の受け入れについては、すべての産業で完全開放することまでは国民の合意を得られていません。対象業種を絞って受け入れる方向で議論は進んでいますが、その前にしなければならないことがあります。

それは、高齢者や女性の労働力を活用していくことです。

高齢者や女性が十分に活躍できる社会へと変えていくことにも、同時に取り組むことが必要だと考えています。

そうなって初めて、日本人の外国人に対するイメージも変わり、日本がもっと成熟していくと思うのです。

近年、日本人の外国人意識は確実に変わってきているとは思いますが、まだ抵抗感があるようです。

そこで、沖縄で5年ごとに開催されている「世界ウチナーンチュ大会」(沖縄にルーツを持つ海外の日系人を招待し、国際交流ネットワークを築きあげるイベント)

のように、まずは海外へ出た同胞、移民と、自県民の方々とのネットワークを築くことから始める。そうすれば、距離感、違和感もなく意識がスムーズに変わっていくのではないでしょうか。

慣らし運転をしながら走っていくことが、海外の人材能力活用を、良好に実現していく鍵となるはずです。

日本の過去を紐解いてみると、海外と関わらずに自国だけで発展するということは幻想であることが分かります。

今こそ、本来あるべき姿に戻るべきなのではないでしょうか。

教育が日本の未来を導く

「教育制度」について議論していて感じること、それは、その制度を導入する目的は何なのかということが、非常に重要であるということです。

私は、制度の内容がどのようなものであったとしても、人が実社会に出て感じ、行動できる人間になることを目的にしたほうがいいと感じています。

教育とはどういうものであるべきかについては、ここで述べるつもりはありませんが、学校を出るまでよりもはるかに長い年月を、その後私たちは生きるわけです。ですから、社会に出てからも役立つものが身につくような仕組みをつくるべきだと思います。

たとえば、「窮屈だなぁ。じゃあ変えよう!」と思っても、そこで物が言えなかったり、行動しても仕方ないと思ってしまう学生は多いでしょう。でもそれは、学校制度が悪いのではありません。「自立した考えを持つ若者を育てよう」という教育をしてこなかったことこそが、原因なのではないでしょうか。

「働き方改革」にも同じことが言えます。どんなにいい制度をつくっても、働きすぎる人は働きすぎるし、過労死する人は過労死してしまう。そう思えてなりません。

現在の日本社会では、「皆で休みましょう」という制度を設けてしまうと、今度は休まないことが悪いという風潮になりがちです。

でも、人それぞれ状況は違うのです。休みたい人が休めない制度はよくないが、働きたいという人もやはりいる。ですから、「働くな」と言ってしまうと、今度は働きたい人の自由を奪ってしまうことになる。

ですから、社会のありようを、「これは窮屈だ」と感じたときに「それなら変えよう！」と俊敏に動ける人を育てるべきだと思うのです。教育で重要なのは、そのような人を育成すべきだということを強調しておきたいのです。

若い人たちに、「ベンチャーで金儲けしよう！」「夢を持て！」とあちこちで鼓舞する動きもありますが、その話を聞いて「よし！　がんばろう！」と感化される人もいれば、「上から目線で物を言っているな」と感じる人もいます。

成人式で挨拶をさせてもらうと、真剣に耳を傾ける若者は１００人中10人いるかいないかです。残りの90人は聞いていません。でもその場へ足を運ぶということは、多かれ少なかれ「これからの時代に、何かできないだろうか」という責任感のようなものを持ち合わせているからだと思います。

今は能動的に動くチャンスがなかったとしても、半年後や1年後、さらにもっと先の将来、仕事をしているとき、家庭を持ったとき、子どもが生まれたとき、「このままでいいのだろうか？」とふと立ち止まったときに、自ら行動を起こせるように彼らを導くことが大切なのです。

「皆で行動しよう。まわりの人たちと同じでいたほうがいい」といった同舟社会で本当にいいのでしょうか。


わが家は、両親ともに学校の教師でした。幼い頃から学校社会の矛盾を山ほど抱え込んでいた両親の姿を、今でもつぶさに思い出せます。

父は日教組（日本教職員組合）の一員でした。日教組に入らなければ、学校の先生を続けられない時代でもありました。

組織から外れることをとくに恐れる世代でしたが、現在でも、日本人にはその体質が残っているように感じます。

「休むな」と言われても休む。

「休め」と言われても働く。

そういう勇気や自由を持つようにしていかなければ、個人としてもつまらない。社会全体としても活力を失ってしまう。そのことを、私は非常に危惧しています。
組織から外れる行動をとる人が増えれば、当然のことながら、統制が取れず、混乱が生じるでしょう。でも、多少混乱が起きたとしても、その先にある果実のほうが大きい。「自由と自己責任」があれば、一人ひとりが自立した社会を築くことができる。そうなったほうが、日本の国力はぐんと上がるはずなのです。

戦後以降の教育を見ていると、自分の頭で考えさせない教育を施しているようにも感じられます。「はみ出ることを恐れない教育をしろ！」と口では言っておきながら、大人たち自身がはみ出ることのない世界にどっぷり浸かっているとしたら、新しい教育制度などつくれるはずがありません。

信念に基づいて行動する親の姿を見て、

「うちのお父さんは、変わっているなあ。でもいいな」と子ども自身が感じられて初めて、学校教育の中で外れたことをしてみようと思えるものです。外れることがいいという意味ではなく、いいと思うことを発言し、行動していくことを、勇気を持ってできること。失敗を恐れずにできること。それこそが重要なのです。

「誰にでも可能性があって、努力すれば何だってつかまえられる」

言い古された言葉ですが、本気でそれを実現したいと思っている人たちがいた世代、日本がまだ〝坂の上の雲〟を求めている時代は、そうだったのではないかと想像します。

そう思いを馳せると、私も未来に対して意気消沈している場合ではないと奮い立たせられる思いです。

今こそ、未来にいいものを残そうではありませんか。

市民は政治にどう関わればいいのか

有権者の方とお話しすると、

「私たちは、政治にどう関わればいいのですか？」

という質問を受けます。まだまだ政治家と有権者との間には、大きな壁があるように感じます。


ですから、若手議員たちに私がずっと言っているのは、

「話してもらいやすい状況をつくりなさい」

ということです。

「自ら飛び込んでいって、単なる握手で終わらせるのではなく、飲んで騒いで遊んできなさい」

そうでなければ、市民の皆さんは、なかなか本音で話してくれないものです。有権者の方々は、ぜひ、何に困っているのかを教えてください。「この問題に対して、こんな提案があるのです」というところまで考える必要はありません。もっととりとめのない「不満があるけれど、どうしたらいい？」といった内容で十分です。原因や解決策まで探るのは、こちらがプロとして動きます。

問題によっては、私たちでは着手できないこともあります。でも、まず何に困っているのかが分かれば、解決に向けて動く確率はぐっと上がります。

私も、議員生活20年を経て、解決できることとできないことが分かるようになってきました。昔、田中角栄先生が陳情を瞬時に処理していたというのは有名な話ですが、この点については政治家として敬服しています。

様々な場で問題を持ちかけられたとき、私は瞬時に、「やるべき話」「今すぐにできる話」「やってはならない話」「できない話」の４つに分けます。

多少なりとも経験を積んできた現在は、そのうちの「やるべき話」と「今すぐにできる話」の範囲はどんどん広がってきています。加えて、時代とともにこの４つのカテゴリーは変わってきています。

以前は「やってはならない話」だったものが、近年は「やるべき話」になっているものもあります。夫婦別姓などは、昔はやるべきではないという風潮でしたが、今ではやるべきことになりつつあります。

価値観は時代とともに変わるもので、私たちはその過渡期に生きているということです。

ですから、有権者の皆さんは、ぜひ居酒屋会議に来て話をしてください。対応策はこちらで考えます。

「あなたの言っていることそのものにダイレクトに着手することはできないけれど、

こうすれば、こういうところに陽があたるよ」

「ドミノ倒しで言えば、ここを変えれば状況はパタパタと変わっていくよ」

と、様々な観点から道を開く方策を考えることができます。


たとえば「ドライバー不足をなんとかしてください」と陳情してきた人に、もう一度居酒屋会議に来てもらえたら、私は「今、こういうことになっています」という経過報告をすることもできます。

継続して話ができれば、次の課題が浮き彫りになってくる。その流れをつくれたときに、初めて政治は動くのです。


ですから、とにかく足を運んで、話をしに来てほしい。

すべてはそこから始まっていきます。

政治家をもっと使ってほしい

有権者が世の中をつくっている、と言いたいところですが、現実には役人や国会議員の動きがあって仕組みが構築されていきます。

議員は国民の代表選手であり専門家ですから、その「やり方、やること、優先順位」については、こちらにまかせてほしいのです。私利私欲で動いているということは、決してありませんから。

そして、もっと政治を身近に感じていただきたいのです。

政治とは本来、自分たちの生活環境、生活レベルなどをよくするためのものです。ぜひ、自分のことととして参加する意識を持ってください。

こちらがすぐに動かせるものもあれば、業界全体で動かなければ変えられないものもあります。でも、私たちに話しに、聞きに来てほしいのです。まずは、私たちの助言通りに動いてみてほしいのです。

実は、こちらの伝えた通りに動いてくださる人は10人中1人いるかいないかくらいですが、一度そのまま動いてみていただければ、変わることが分かるはずです。

私は建設的な陳情ならば、ほとんど断りませんが、私利私欲で「こうしてほしい」とお願いしてくる有権者と喧嘩したことは、これまで数え切れないほどありました。私利私欲の要望には、応えられません。

一方で、世の中には、やろうと思っていてもできない人もいます。貧乏であったり、家庭環境が許さない状況であったり、能力的に障がいがあったり……。こういう方々へは、こちらから情報を提供して、共に戦ってほしいということを伝えるばかりです。

居酒屋で話せる雰囲気づくりをして、皆さんの本音を引き出し、そこで出てきた陳情が世のためにいいことならば、必ず動いて、返す。議員を長くやってきて、これを続けていれば、分かる人は分かってくれるということを実感できました。今後も、この地道な動きを続けていきます。

これからの時代を担う若手の面々にも何かを伝えるとするならば、言いたいことは二点あります。

一つは、先ほども述べたように、「居酒屋で話せる雰囲気をつくりなさい」ということ。もう一つは、「ビルの上から眺めたとき、救いの手を伸ばしている様々な人たちの中に、恐れずに飛び込みなさい」ということです。

想像してみてください。手にはいろいろなものがあります。何をされるか分かりませんきれいな手もあれば、汚れた手もある。柔らかいふわっとした手ばかりではありません。そこへ入っていくには、恐れを抱く気持ち、拒否反応もあるかもしれない。それでも「大衆に飛び込め！」ということを、声を大にして言いたい。私も、まだそれが十分にできているかは分かりません。でも、様々な手の中にいて初めて感じること、不愉快さも含めた感覚が、政治のすべてなのではないかと思うのです。

きれいな政治をしようとする人が多く見受けられます。とくに、前世代、前々世代の方たちには、その傾向が強いような気がします。

人にもよりますが、とくに二世や元官僚は、大衆の中にいるというイメージがあまり湧きません。もっと泥臭く、もっと現場に出向いてほしい。そのほうが、本当の答えが自ずと見つかるはずです。

掟破り人間からの、一つの意見です（笑）。

政治家として、どう歩んでいくか

第1章でも述べたように、私自身は、「この時代は、次の時代へつなぐ歯車にすぎない」と思うようになりました。

若い頃は、世に名を残したいと思ったこともありましたが、今はそうは思いません。後世にしっかりバトンを渡すために、よりよい方向へ向かうことが、私の最大の役割であると考えています。

そのうえで、政治家として何をしなければならないのか——。

これからの日本を考えたときに、しなければならないことは明らかです。

「世界一貧しい大統領」と呼ばれ、人はつつましい生活に戻るべきだと訴えて反響を呼んだウルグアイのホセ・ムヒカ大統領のスピーチのように「農耕社会に戻れ」

と言う人もいます。

それが本来あるべき姿だという考え方があることは理解しています。ただ、日本が目指すべきは、もっと発展的なことである。私はそう感じています。

そのためには、〝政治の生産性〟をもっと上げなければならない。政治の生産性を左右する意思決定を、もっと迅速にしていかなければなりません。

若い頃に、私は首相公選制を主張した時期がありました。

安倍首相を見ていて思いますが、日本は公選制や大統領制に近い首相制です。ですから、独裁的に動かそうと思えばもっとできることがある。そういう仕組みであるのなら、本当にしなければならないことに、本気で取り組むべきだと思います。

それからもう一つ。戦前から戦後にかけての日本人のありようについて、ある一定の総括をするべきときが来ているのかもしれません。

沖縄問題を担当して痛感するところですが、米軍基地のあの状態を見て、いいと思う日本人など、誰もいないはずです。

一方で、大半の人は中国に対して反感を抱いているようです。「では、どうするんだ?」ということを、我々政治家が提案していかなければならないはずなのに、思考停止している状態です。

私としては、あえて、独立国家として、日本のありようをこれから積極的に提唱していかなければならないと考えています。そのためには、外務省をはじめとした役人の意識改革が必要でしょう。

しかし残念ながら、過去の踏襲ばかりで結果を出せない役所のあり方については、大きな危機感を覚えているところです。

私は現在、4期目を務めているところですが、5期に及べば国政に30年間携わることになります。そこまで関わってもこの国に何の変化も生まれないとしたら、私の力不足です。

しかし、たとえ私が政治家人生を終えても、後輩たちが私や私の仲間たちの姿を見て立ち上がってきてくれることを期待しています。彼らが立ち上がりたいと決意したくなるような動きをしていかなければならないとも切に思います。


私が国政に身を投じる決意をしたのは、やはり若泉敬先生の生き様を目の当たりにしたからです。振り切れた人生を歩む人というのは、インフルエンサーとして大きな影響を及ぼします。人ひとりの人生を変えてしまうほどの強靭な力となります。

その魂に触れ、「志を継げ」と言われてしまったわけですから、私のような凡人でも、「もう命を賭してでも」という気概が湧いてくる。

最期まで、その炎が消えることはないでしょう。

支援者の方々へ

結びに代えて、これまで私を支援してくださった方たちに、感謝の言葉を述べたいと思いますが、その前に、和歌山での初めての選挙のときの話をさせてください。

*

大阪生まれ、大阪育ちの私が、和歌山の地を訪れ、無謀な選挙に挑んだときのこと。当時新進党の故中西啓介先生、西博義先生並びに創価学会の皆様にも力強く支援いただき、朝から晩まで演説に駆け抜けた日々の中、倒れそうになりながら走る私に向けて、畑から手を振ってくれる方もいれば、暑い最中に足を棒にして自転車で走りまわってくれる応援者もいました。私が演説する舞台の袖から大声で怒鳴りつけるおじさんもいました。皆、私のためを思ってのことだったと思います。悔し涙も流れました。感謝で頭の下がる想いも山ほど経験しました。

この最初の選挙の光景だけは、今でも忘れられません。


選挙活動の最終日、投票日前日の夜8時に、いわゆるマイク納めで選挙事務所に街宣カーで戻ってきました。私を取り囲んでくれたのは、大人数ではありません。泡沫候補でしたから、居合わせてくださったのは20数名程度。近所のおじさん、おばさんたちに、拍手で迎えていただきました。そのとき、皆が肩を組みながら、

「本当にお疲れさん。骨を埋めると言って選挙をやった鶴保さんを、皆で胴上げしてやろうじゃないか！」

そう言ってくださったのです。生まれて初めて、膝が折れました。

お恥ずかしい話ですが、土下座してしまいました。そのとき、皆笑いながら、

「選挙活動中に土下座するのならまだしも、終わってから土下座してどうする。私たちにではなく、外を向いてしろ！」

そう励ましてくださったのです。以来、その頃に時間を共にしてくれた方たちとは、今も変わらず続く仲間となりました。これは感謝の極みです。


選挙後は、先輩の県議会議員がおっしゃっていた通りでした。

「鶴保さん、選挙の後は波が引くように人がサーッといなくなっただろう?」

まったくその通りで、翌日からは何事もなかったかのように、私の周囲はしんとしました。初選挙で落選してからの2年間は、それはそれはひどい状況でした。

*

あるとき、今も現職でいらっしゃる県議会議員が私のところへ来て言うのです。

「鶴保さん、毎日の食事はどうしているの?」

と聞くので、

「収入はないし、毎日切り詰めて生活していますが、正直底をつきそうです」

という話をしたら、

「それは困ったね」

彼はそう言い残して去っていきました。

当時私が住んでいたマンションの入口にオートロックはなく、各戸の玄関扉に郵便受けが付いた古い造りでした。ある日、夜9時頃に音がしたのです。

「カタン。ポトン」

何かが放り込まれる音。タタタッと走り去る音も聞こえる。

こんな時間になんだろうと郵便受けを見に行くと、封筒が投げ込まれてありました。開いてみると、なんとお金が入っていたのです。

あとで分かったのですが、県議会議員の方々が集めてくださったお金だったのです。泣けました。涙が出てきて止まらなかった。あの瞬間の感覚は忘れられません。

そのような時期があって、今があるのです。よくここまでやらせてもらえたなと、つくづく思います。

でも、ただ感謝するばかりでお涙頂戴の話をしても、意味がありません。せっかくここまでさせてもらっているのだから、私が若泉先生の影響を受けたように、この想いを誰かに伝えていかなければならない。その一心で日々邁進しています。

*

選挙活動をしていると、たくさんの方に出会います。波が引いたかのごとく「皆、冷たいな……」と思うこともあれば、こちらから足を運んでいくことで、初めて分かることもある。選挙を通じて気づかせてもらい、勉強になることがたくさんありました。この20年、多くの方と触れ合い、多くの方と言葉を交わしてきました。応援してくださる方々には、この想いだけです。

「この20年の間、支えてくれてありがとう！」

志を持って、日本という国を想い、ただ動く。

私はこれからも、そんな一議員でありたい。
日本の明るい明日《みらい》を望むすべての方！
共に、強い日本を築いていきましょう！

最後に、この本を出版するにあたり、様々な方々との出会い、協力があって今日があることを改めて感じました。
まだまだ、言葉不足の部分や伝え足りないエピソードがあることは、本当に政治家として筆を置くその日まで、取っておきたいと思います。関係の各位にはその点をご理解のうえ、ご容赦いただくことを祈念して。

これからも引き続きのご鞭撻をお願いいたします。
もっと役に立つ、頼れる存在になれるその日まで。

鶴保 庸介

【年譜】

年月	所属・役職等	内容／わかやま新報「がんばってます」
1998年7月	第18回参議院議員選挙にて初当選 （当時、選挙区史上最年少当選）	
2002年8月		・「面白い議論」だけの国会では… 〜理想と現実を埋める作業こそ政治の本質〜
2002年9月		・どんな価値観も認め合う鷹揚さ 〜「自由と自己責任」それが我々が目指すべき社会〜
2002年10月	国土交通大臣政務官 （小泉純一郎内閣）	
2002年11月		・国土交通大臣政務官を拝命 〜より活発に大臣を補佐〜
2002年12月		・予算編成はもう少し政治主導で 〜硬直的避け部局の組み替えなども〜
2003年2月		・日本版リバースモーゲージの確立目指す 〜補正予算　国会を通過〜
2003年11月	国土交通大臣政務官（2期目） （小泉純一郎内閣）	
2003年12月		・カウンターパートは省である

〜特定の省を大切にした関係が相互にとってのメリットに〜

2004年7月　第20回参議院議員選挙にて再選

2004年11月　・夢と目標に満ちた漁業を
〜自民党水産部会長として全力で〜

2004年12月　・ニーズに即した少子化対策
〜未婚問題にこそターゲットを絞るべき〜

2005年5月　・「未来志向型」教育を
〜日中のより良い関係を目指して〜

2005年9月　・真の「改革」のろし上げ
〜理念と夢を持って活力ある社会を〜

2005年11月　・多数決の議事録は公表が筋
〜国会議員は時代の証言台の"被告人"〜

2005年12月　・お役所仕事に"喝"
〜漁業者救済へ燃油高騰対策通す〜

2006年2月　・始まった「内面からの崩壊」
〜大胆な地方分権が"改革の本丸"〜

2006年4月　・借金返済よりも本当の幸せ
〜政治は夢持てる社会づくりを〜

2006年5月	・発想の転換で漁業改革を ~水産王国和歌山の復活は一日にして成らず~
2006年9月 参議院厚生労働委員長	
2007年2月	・機械的な医療現場、地方の医師不足等 ~課題山積みの厚生分野の現状を憂う~
2007年8月	・県内の医師不足と新直轄道路 ~厚生労働委員長として問題に全力で~
2007年9月 自民党政務調査会会長補佐	
2008年3月	・もう静観することは許されない ~捕鯨への攻撃に反論、文化発信を~
2008年5月	・「必要な道路」とは何か ~もっと議論を尽くすべき~
2008年7月	・第二IWC設立構想 ~欧米の押し付けから脱却、鯨文化維持へ~
2008年10月	・都会からどう呼び込むか ~「新過疎法」模索始まったばかり~
2009年1月	・今やらねばならないことは ~冷静かつ大胆に政策を打ち出す~
2009年12月	・未来の発展を信じよう ~政治は「目先の利益」ではない~

2010年4月		・一人ひとりが夢を持って ～頑張った人がむくわれる社会を～
2010年7月	第22回参議院議員選挙にて3選	
2010年9月		・「あいている」限り使えるはず ～公共施設の目的外使用について～
2010年10月	参議院決算委員長	
2011年7月		・鳥獣被害対策法案、国会へ提出 ～生態調査等『労作』が完成～
2011年9月	参議院議院運営委員長	
2011年11月		・価値観の見直しを ～ブータン国王演説に感銘～
2012年4月		・テレビ映像の公的保管を ～文化散逸、報道責任を問う～
2012年6月		・国会図書館で映像保存を ～文化、歴史の散逸防止へ～
2012年7月		・子ども国会
2012年8月		・放送アーカイブの実現を ～学術・文化への利用が目標～
2012年12月	国土交通副大臣	
2013年1月		・皆さんに評価される仕事を ～国土交通副大臣を拝命～

２０１３年３月	・「あるべき姿」実現のために ～役人いじめでなく共に汗を～
２０１３年11月	・訪日観光客１０００万人超え迫る ～政務官時代からの悲願達成へ～
２０１４年７月	・新たな気づきを街の元気に ～免税店、世界遺産サミット～
２０１４年９月	参議院自由民主党政策審議会長
２０１４年10月	・「観光開国」へ盛り上げよう ～京都で第一回世界遺産サミット～
２０１５年１月	・商店街を一括で免税店に ～県は取扱店舗の伸び率トップ～
２０１５年６月	・文化無視の要求と戦う ～太地のイルカ漁・捕鯨を守る～
２０１５年９月	参議院自由民主党政策審議会長（２期目）
２０１５年12月	・新しい宿泊形態「民泊」 ～党小委員会で制度設計を議論～
２０１６年３月	・民泊の仲介業者に責任を ～安全安心なルール順守に課題～
２０１６年５月	・「イベント民泊」大いに活用を ～地域おこしへ「一年に一度」気にせず

２０１６年７月	第24回参議院議員選挙にて４選	
２０１６年８月	内閣府特命担当大臣（安倍晋三内閣）	
２０１６年９月		・最先端技術を国民のために ～トルコ・ＪＡＸＡなど訪問～
２０１６年12月		・ニーズとシーズの橋渡し ～技術が社会を主導する仕組みを～
２０１７年３月		・トラックの運転免許制度改正施行
２０１７年４月		・自動運転の早期実現へ ～沖縄の公道で実証実験中～
２０１７年７月		・Ｓ＆Ⅱ
２０１７年８月		・沖縄の自立的発展のために ～大臣として取り組んだ諸政策～
２０１７年９月	参議院資源エネルギーに関する調査会長	
２０１７年10月		・住宅宿泊事業法施行
２０１７年11月		・きのかわサイクルトレイン ・競争と協力で観光振興 ～世界遺産サミットへの期待～
２０１８年８月		・大臣在職時の渋滞対策に成果 ～経験、手法を和歌山に還元を～

鶴保庸介（つるほ・ようすけ）
1967年生まれ。大阪府立天王寺高校、東京大学法学部卒業。国際政治学者の若泉敬氏に師事、政治家を志す。代議士秘書を経て、1998年7月第18回参議院議員選挙にて初当選（当時、選挙区史上最年少当選）、2004年再選、2010年三選、2016年四選、2017年内閣府特命担当大臣、2018年参議院資源エネルギーに関する調査会長。

【主な職歴】
国土交通大臣政務官（2期）
参議院厚生労働委員長
参議院決算委員長
参議院議院運営委員長
国土交通副大臣

掟破り《おきてやぶ》
著者　鶴保庸介《つるほようすけ》
2018年10月13日　初版発行

発行者　磐﨑文彰
発行所　株式会社かざひの文庫
〒110-0002　東京都台東区上野桜木2-16-21
電話／FAX 03（6322）3231
e-mail:company@kazahinobunko.com　http://www.kazahinobunko.com

発売元　太陽出版
〒113-0033　東京都文京区本郷4-1-14
電話03（3814）0471　FAX 03（3814）2366
e-mail:info@taiyoshuppan.net　http://www.taiyoshuppan.net

印刷・製本　シナノパブリッシングプレス

企画・構成・編集　星野友絵・遠藤庸子・小齋希美（silas consulting）

編集協力　藤原雅夫

装丁　重原　隆

撮影　本間　寛

DTP　Km-Factory

ISBN978-4-88469-446-8